KB088962

1권에 20분, 읽지 않고
이해할 수 있는 대단한 독서법

1冊20分、読まずに「わかる!」すごい読書術
1SATSU 20-PUN, YOMAZUNI "WAKARU!" SUGOI DOKUSHOJUTSU

© Yasuhiro Watanabe, 2016
Original Japanese edition published by Sunmark Publishing, Inc.
Korean translation rights arranged with Sunmark Publishing, Inc.
through Shinwon Agency Co.
Korean translation rights © 2023 by Dodreamedia

1권에 20분, 읽지 않고
이해할 수 있는
대단한
독서법

와타나베 야스히로 지음 | 최윤경 옮김

두드림미디어

제가 이 책의 저자 와타나베 야스히로 씨를 처음 만난 때는 2018년이었습니다. 이미 포토 리딩과 간다 마사노리의 퓨처 매핑 세미나에 참석했던 저에게 저자가 새로운 독서법으로 제창한 레저넌스 리딩(Resonance Reading, 공명 리딩)은 상당히 친근하면서도 매력적인 독서법이었습니다. 이 책의 저자인 와타나베 씨가 제게 이미 익숙한 간다 마사노리의 퓨처 매핑의 영향을 많이 받았기 때문인 것 같습니다.

이 책을 읽고 감탄했던 저는 조금 더 상세한 내용을 알고 싶어서 '레저넌스 리딩 원데이 세미나'에 참석하기도 했습니다. 그만큼 독특하면서도 매력적인 독서법인 레저넌스 리딩, 즉 공명 리딩에 대한 책이 드디어 번역 출간되어서 정말 기쁩니다.

이 책은 독서에 걸리는 시간을 단축시킬 뿐만 아니라 효율적으로 내용을 기억하고 활용하는 비결을 알 수 있습니다.

공명 리딩을 하기 위해서는 공명 맵을 작성합니다. 특별한 훈련이나 교육 없이 저자가 말하는 대로 종이 한 장에 공명 맵을 작성하기만 하면 1권을 독서하는 데 시간을 20분으로 단축할 수 있습니다. 이것이 공명 리딩의 가장 큰 매력입니다.

게다가 이 책에는 독서한 내용을 기억에 남길 수 있는 효과적인 아웃풋 방법이 기재되어 있습니다. 뿐만 아니라 독서를 성과로 연결하는 방법이 적혀 있습니다.

그중에서도 가장 흥미로운 것이 '성공 전야의 사람이 꼭 하는 워크'(본문 제5장, '성공 직전에 사람들이 하는 일을 꼭 따라 해보자' 참고)입니다. 이것은 현재 나이에 3이나 10을 더한 미래를 상상해서 쓰기 시작한다는 것입니다. 누구와 함께 있고, 어디서, 언제, 무엇을, 왜, 어떻게 하고 있는지를 명확하게 써냅니다. 자신이 미래에 어떻게 되고 싶은지 확실히 함으로써 무엇을 해야 할지 계획하고 실행하는 것입니다.

책을 읽는 목적은 사람마다 다 다르지만, 저자의 의견에 휩쓸리지 않으면서 책을 읽은 후에도 그 내용이 기억에 남고 활용할 수 있다면 책을 읽는 것이 더 즐거울 것입니다. 이미 일본에서는 많은 사람이 활용하고 있는 공명 리딩을 이 책을 통해 시도해보시면 많은 인사이트를 얻게 될 것입니다.

퍼스널비즈니스협회 회장
나홀로비즈니스스쿨 대표
서승범

저는 프랜차이즈 인큐베이팅, 창업교육 사업 법인 2개의 대표이자, 영업회사의 대표입니다. 저는 감히 독서를 통해 체득하고 실천한 결과, 지금의 위치까지 올라왔다고 자부합니다.

불혹의 나이 40살. 비교적 늦은 나이에 자기계발서 읽기에 빠지면서 독서를 시작하게 되었습니다. 덕분에 독서의 중요성을 깨닫고 지금도 꾸준히 책을 읽고 실천하며 인생 '레벨업'을 하고 있습니다.

아마도 이 책을 읽고 있는 여러분 역시 독서의 중요성을 분명히 알고 계실 텐데요. 그러면서 욕심이 생겼을 것입니다. 바로 속독과 다독을 통해 더 다양한 지식을 얻고 싶은 욕심이요. 저처럼 제목에 끌려 이 책을 선택했다는 것은 다독, 속독에 대한 갈망 때문일 확률이 높을 것입니다.

제 책장 한편에는 시중에 유명하다는 독서법 관련 책들이 무려 6권이나 있습니다. 저자마다 속독법에 대한 다른 해석으로 단계별 방법을 제시한 그런 책들인데요. 이 책 역시도 그런 속독법을 다룬 실전서 정도라고 생각했습니다.

물론 저는 이 책을 통해 7번째 독서법 스킬을 얻게 된 것은 분명합니다. 하지만 이 책을 다 읽고 느낀 '한줄평'은 의외로 이렇습니다.

'속독, 다독에 눈이 먼 나에게 독서의 본질을 일깨워준 자기 계발서'

감사하게도 제가 독서를 하는 이유를 다시 한번 분명히 할 수 있는 계기가 되었습니다.

독서법? 인풋? 중요합니다. 하지만 많은 책을 빠르게 읽는 행위에만 초점을 둔다면 무슨 소용이 있을까요? 그렇습니다. 이 책은 '독서의 본질', 즉 아웃풋에 초점을 맞춘 자기계발서에 가깝습니다.

통독에서 속독, 다독의 단계를 넘어 숙독, 정독의 수준으로 가는 방법을 알려주는 안내서 같은 이 책. 혹시라도 독서법을 따라 독서라는 행위에만 몰두하고 있던 저 같은 분들에게 이 책을 추천합니다. 분명 긍정적인 동기 부여가 될 것이라고 확신합니다.

마지막으로 질문 하나 던져 봅니다.
"책을 다 읽고 나서 여러분은 무엇을 하셨나요?"

㈜빌드업벤처스 대표
프랜차이즈 사업가
이근우

　이 책은 당신이 평소에 책을 읽는 것처럼 첫 번째 페이지의 첫 번째 줄부터 마지막 페이지의 마지막 글자까지 한 글자, 한 구절씩 읽어나가도 됩니다. 물론, 대각선 읽기나 지금까지 배운 속독법으로 읽어주셔도 됩니다.

　하지만 다음과 같은 방법을 시도해서 읽는다면, 당신의 독서는 극적으로 바뀔 것입니다.

### ▶ 이 책이 당신에게 꼭 필요할지 판단해보겠습니다

　🕐 **3분 코스**

느긋하게 숨을 쉬면서 이 책을 펄럭여보면서 마음속으로, '내가 필요한 페이지는 어디지?'라고 묻습니다. 그리고 무작위로 페이지를 엽니다. 열린 페이지를 보고 흥미가 생기거나 필요한 것이 적혀 있다면 이 책은 당신에게 유용한 뭔가를 안겨줄 것입니다.

### ▶ 읽기 전에 시도해보자! 독서 속도가 순식간에 높아지는 비결

**1. 호흡을 천천히 하면서 읽는다**

속독의 공통점은 호흡에 있습니다. 5초 내뱉고 5초 들이마시는 사이클로 호흡을 느긋하게 합니다(그 이유는 36페이지, 단 1분간의 호흡이 당신의 집중력을 높인다).

## 2. 글씨가 보이지 않는 정도로 재빠르게 책을 펄럭거리며 읽어보자

글자는 보이지 않아도 뇌에 들어옵니다(그 이유는 62페이지, 책을 펄럭이는 것만으로도 뇌에 들어오는 이유).

## 3. 읽는 목적을 정한다

이것만으로 원하는 정보를 효율적으로 끌어당기게 됩니다(그 이유는 68페이지, 실험 3. 목적의 실천).

## ▶ 즉시 실천! '공명 리딩'

한번 이 책을 읽은 후에 다음의 코스를 실행해보면, 당신은 이 책에 대한 이해도를 높일 수 있습니다.

### 🕐 20분 코스

20분만으로 당신은 이 책의 요점을 파악할 수 있습니다. 2장에서 설명하는 공명 리딩의 순서로 이 책을 읽어봅시다.

### 🕐 +30~60분 코스

그 이후 60분만 더하면 당신은 공명 리딩을 완전히 이해할 수 있습니다. 읽고 싶은 책이 있다면 종이와 펜을 준비해서 바로 실천합시다. 앞에서 이야기한 20분 과정의 순서를 바탕으로 종이에 '공명 맵'을 그리면서 책을 읽어봅시다.

## ■ 책을 읽지 않고 쌓아두는 것이 급격하게 줄었다

공명 리딩은 1권에 20분 정도의 시간으로 전체 내용을 파악할 수 있기에 굉장히 도움이 됩니다. 첫 페이지부터 마지막 페이지까지 차례대로 읽는 것이 습관이었던 저에게 말 그대로 패러다임의 전환이라 할 수 있을 정도로 획기적으로 도움이 되는 방법이었습니다. 지금은 하루에 3권 정도의 책을 읽을 수 있어서 꿈만 같습니다. 이 방법으로 읽지 않고 쌓아둔 책이 줄었습니다.

– 프로젝트 매니지먼트 트레이닝 강사 **코바야시 마사카즈**

## ■ 멀리했던 책도 술술 읽을 수 있게 되었다

첫 페이지부터 마지막 페이지까지 한 줄, 한 줄 제대로 읽지 않아도, 자신이 필요한 메시지를 책에서 얻을 수 있다는 것은 제게 커다란 놀라움이었습니다. 어려울 것 같아서 꺼리던 책도 술술 읽을 수 있게 된 자신에게 놀라고 있습니다.

– 대형 유통 회사 근무/메일매거진 라이터 **시모라 카바야시**

## ■ 놀라울 정도로 아이디어가 샘솟는다

저는 지금 도쿠시마에서 코워킹 스페이스와 이노베이션 센터를 운영하고 있습니다. 그렇기에 늘 새로운 이벤트나 상품 기획 아이디어를 내야 해서 고민이 많았습니다. 공명 리딩을 사용하면 지금까지는 상상할 수 없을 정도의 새로운 상품 개발, 서비스 방안, 비즈니스 모델 구축에 필요한 키워드를 책에서 얻을 수 있습니다. 덕분에 대화나 회의를 원활하게 진행할 수 있고, 동시에 실현 가능한 아이디어가 놀라울 정도로 나오고 있습니다.

- 이노베이션 센터 도쿠시마 대표 관원 마사토

### ■ 외서도 불과 1시간 만에 읽을 수 있다

저에게 이 독서법은 두 가지 장점이 있었습니다. 하나는 읽는 데 두 달이나 걸리던 외서를 불과 1시간 만에 읽을 수 있게 되었다는 점입니다. 또 하나는 자기중심적인 성격이어서 그동안 주변이 보이지 않았는데, 이 독서법을 통해 저자의 마음을 생각해보는 연습을 할 수 있어 실생활에서도 타인의 마음을 헤아리게 되었습니다. 이전보다 이타적으로 행동할 수 있게 되었습니다.

- IT 컨설턴트 오쿠다 마사시

### ■ 책에 끌려들어 가지 않는, 양방향 독서법

공명 리딩은 저에게 책에 '끌려들어 가지 않는' 독서법입니다. 그리고 저자와 대등하게 그 주제에 대해 생각할 수 있습니다. 책을 첫 페이지부터 읽으면 저자의 논리대로 흘러가게 됩니다. 독자인 저는 설득당하거나 반발하면서도 늘 결국 저자의 흐름대로 흘러가게 되기 일쑤였습니다. 이 일방통행 독서를 양방향으로 만들어주는 것이 공명 리딩입니다. 저는 지금까지 책을 읽느라 고생한 적이 한 번도 없습니다. 책과 친숙해지는 것도 보통 사람보다 빠른 편입니다. 그렇기 때문에 이 양방향성에 놀라움과 감동을 느끼고 있습니다.

– 심리학자 츠츠이 준코

## ■ 바로 아웃풋 할 수 있다

저는 '가나자와 역활(金沢歷活)'이라는 역사 모임을 주재하고 있습니다. 매주 새로운 주제로 이야기를 나누고 있는데, 공명 리딩 덕분에 매주 이야깃거리가 준비되어 있습니다. 공명 리딩은 그저 인풋만 하는 것이 아니라 바로 아웃풋을 할 수 있는 것이 매력입니다.

– '가나자와 역활' 주재 안도 류

## ■ 자신을 성장시키는 독서법

'한 권의 책을 불과 수십 분 만에 읽을 수 있다', '하루에 많은 양의 독서를 할 수 있다'와 같은 '시간 단축 효과'는 많은 공명 리딩의 장점 중 하나에 불과하다는 것을 이 독서법을 계속하고 있는 사이 깨달을 수 있었습니다. 실제로 저의 경우, 1권을 20분 만에 읽은 적도 있고, 90분 걸린 적도 있습니다. 컨트롤을 자유자재로 할 수 있는 독서법이라고 생각합니다. 또한, 독서를 통해 얻은 것을 자신의 이야기로 이해할 수 있게 되는 것에 매력을 느꼈습니다. 내일의 자신에게 조금씩 변화를 안겨주어 성장의 씨앗을 뿌릴 수 있는 독서법입니다.

－ 일급 건축사 **가와구치 타카오**


### ■ 이 독서법에 빠져, 5년 넘게 계속하고 있다

이 공명 리딩은 책과 연결될 수 있는 한 장의 맵을 통해 시작됩니다. 저자에게 묻고, 자신의 파장에 따라 책을 읽고, 결과를 도출하는 '순간'이 굉장히 즐거웠습니다. 주변에 있었지만 보이지 않았던 것을 깨닫게 되었고, 모든 것이 연결되어 있다고 생각되는 체험을 여러 번 겪었습니다. 누구를 위해서가 아닌, 자신을 위한 독서법이었습니다. 공명 리딩을 통해 얻어낸 무장이 강한 지지대가 되어 행동으로 이어질 수 있었습니다.

－ 학교 직원 **니시와키 미에코**


### ■ 연간 600권을 읽을 수 있게 되어 컨설팅 질도 향상되었다

저는 지금까지 2년 가까운 기간 동안 연간 300권 이상의 책을 읽었는데, 공명 리딩을 하게 되면서 그 두 배인 600권의 책을 읽을 수 있게 되었습니다. 게다가 컨설팅의 질이 높아졌고, 콘텐츠를 만드는 속도가 이전보다 압도적으로 빨라졌습니다.

－ 경영 컨설턴트 **닛타 아키라**

# 독서도 영어도 서툰 내가
# 비즈니스 외서를
# 연간 500권 읽을 수 있게 된 이유

### ▶ 독서를 잘하게 되면, 당신의 인생은 어떻게 바뀔까?

당신은 책을 잘 읽는 편인가요? 아니면 잘 못 읽는 편인가요? 책을 읽는 데는 사실 시간이 꽤 걸립니다. 시간을 들여 읽었음에도 내용을 기억하지 못할 수도 있어요. 하지만 독서를 잘할 수 있다면 어떨까요?

흥미는 있어서 샀는데, 그저 책장에 쌓아두기만 하는 일이 없어집니다. 읽기 싫지만 읽어야 하는 업무용 책도 쉽게 읽을 수 있게 되어 회사에서 당신의 평가가 높아질 수 있습니다. 나아가 독서로 배운 내용을 일상에서 실천할 수 있게 되어 인생이 크게 달라질 것입니다.

이 책은 그렇게 되고 싶은 당신의 마음에 답해줄 것입니다. 게다가 훈련 없이도 가능합니다. 그것이 이 책에서 이야기하는, 20분 만에 책 1권을 읽을 수 있는 독서법, '공명 리딩'입니다.

앞으로는 마치 만화를 읽는 것처럼 점점 책에 빠져들어 눈 깜짝할 사이에 다 읽을 수 있게 될 것입니다. 또한, 여유 시간에 스마트폰을 만지는 것이 아니라 좀 더 생산적인 지적 활동을 할 수 있습니다.

### ▶ 집중력은 고작 20분밖에 지속되지 않는다

제가 예전에 해외의 저명한 베스트셀러 작가한테 들은 이야기입니다. 그 작가는 킨들(Kindle, 전자책 단말기)이 나왔을 때, 독자들이 자기 책의 어떤 부분을 읽었는지 킨들 위에 그은 하이라이트를 보는 것을 기대했다고 합니다(몇 명의 사람들이 이곳에 하이라이트 했는지가 표시됩니다).

그런데 처음 두 페이지 정도에서 하이라이트가 끝나 있었다고 합니다. 독서를 잘하지 못하는 사람이 한 페이지를 읽는 데 1분이 걸린다면, 그 사람은 읽기 시작해서 약 20분 만에 좌절하게 된다는 것입니다.

일반적으로 독서를 잘하는 사람은 200페이지 책을 약 2시간 만에 다 읽습니다. 독서를 잘하는 사람조차도 영화를 보는 시간만큼은 걸립니다. 영화는 그냥 앉아서 감상하면 되는 수동적인 미디어입니다. 하지만 독서는 다릅니다. 스스로 집중력을 가지고 해야 합니다.

독서를 잘하지 못하는 사람이 읽기 시작한 지 20분 만에 좌절하는 것은 당연합니다. 이 20분이라는 시간은 정말 과학적입니다. 왜냐하면 인간의 집중력은 20분밖에 되지 않기 때문입니다. 그 증거로 유튜브와 같은 서비스들이 인기를 끌고 있습니다. 유튜브가 처음 서비스를 시작했을 당시에는 10분 이내의 동영상밖에 올릴 수 없었습니다. 또한 프레젠테이션 이벤트로 알려진 TED 프레젠테이션 시간은 1분입니다. 이러한 것은 인간의 집중력이 20분밖에 되지 않는 데서 유래한 것이 아닐까요?

　20분밖에 지속되지 않는 집중력이기에 책을 다 읽으려면 엄청난 시간이 걸립니다. 그렇기에 다 읽고 나서도 초반의 3페이지 정도의 내용조차 설명하지 못하는 것은 지극히 당연합니다. 그러므로 안심하세요. 만약 책을 읽고 기억하지 못하더라도 자신이 독서를 잘하지 못한다고 생각하지 않았으면 좋겠습니다. 많은 사람이 그러니까요.


### ▶ 귀찮은 훈련은 필요 없다!

　공명 리딩은 굉장히 특이합니다. 기존의 속독법이나 독서법과는 전혀 다른 접근법을 취하고 있습니다. 특징적인 것은 '종이 1장을 사용한다'라는 것입니다. 이로 인해 20분 만에 독서를 끝낼 수 있게 됩니다.

　이 방법을 사용함으로써 모든 문장을 하나하나 읽지 않아도 '이 책에서 충분히 배웠다', '정말 원하는 1%의 정보를 얻었다'라는 느낌이 듭니다. 또한, 당신의 기억에 끈기가 생겨 언제든지 생각나거나 말할 수 있게 됩니다.

이 기법의 좋은 점은 귀찮은 훈련을 할 필요가 없다는 것입니다. 지금까지의 속독법은 눈알을 굴리는 안구 훈련이 필요하거나 실감이 나지 않는 속독 훈련이 필요했습니다. 물론 이것들을 계속해서 몇 개월 훈련하면 효과적입니다. 하지만 많은 사람이 이러한 훈련에 싫증을 느끼고 좌절을 겪고 있습니다. 좌절을 주는 훈련은 없는 것이 좋다고 생각합니다. 최신 인지과학, 뇌과학을 바탕으로 한 고전적인 학습법을 보면 그것들은 필요 없다는 것도 알고 있습니다.

제 소원은 이 책이 당신의 독서 트라우마를 해소하고 당신의 마지막 독서법 책이 되는 것입니다. 그리고 당신이 독서로 인생을 개척해주었으면 합니다.

### ▶ 10~91살까지의 많은 사람이 실천해서 인생을 바꾸고 있다

지금까지 공명 리딩을 배운 사람 중에는 극적인 변화를 일으킨 사람들이 많습니다. 지금까지보다 몇 배 빠르게 많은 책을 읽게 된 것에 그치지 않고, 이 새로운 독서법으로 지금까지 하고 싶었던 것이나 꿈을 실현하고 있는 사람도 있습니다.

그리고 저 자신도 놀란 것이 이 방법은 누구에게라도 통한다는 것입니다. 실제로 10살의 여자아이가 600페이지 정도의 비즈니스 도서를 읽어내기도 했습니다. 아이는 책을 20분 만에 다 읽은 후, 이렇게 말했습니다.

"저는 이 책을 읽고 바로 내일부터 학교에 가서 실천할 것입니다. 이 책을 통해 사람의 재능에는 여러 가지가 있다는 것을 알 수 있었어요. 그래서 여러 가지 개성을 받아들이려고 해요."

이 아이뿐만 아니라 몇몇 학생들이 이러한 상황을 겪었습니다. 물론 어른이라면 더 가속적으로 독서를 할 수 있게 되고, 인생을 바꿀 수 있게 될 것입니다.

이 독서법을 실행하는 데 나이는 상관없습니다. 10대, 20대, 30대, 40대, 50대…. 최고 연령으로 91살의 분도 실제로 행해서 결과를 냈습니다.

독서로 인해 인생이 달라집니다. 독서는 당신의 삶을 정리하고 인생을 바꾸는 소중한 1%가 되어줄 것입니다.

### ▶ 전혀 책을 읽지 못했던 내가 인생을 바꾼 계기

1권에 불과 20분으로 뭔가가 이루어지는 독서법이라고 하면, '그런 바보 같은 일이 있을 리가 없다', '분명히 이 작가는 독서를 잘하고 속독을 잘했기 때문이다'라고 생각하실 수 있습니다. 사실 지금까지 독서법에 관한 책은 독서를 처음부터 잘하는 사람에 의해 쓰여졌습니다.

부끄러운 이야기지만, 솔직히 말해서 저는 10년 전까지만 해도 책을 전혀 읽지 않았습니다. 제 나름대로는 열심히 읽는다고 읽어도 1권을 다 읽는 데 두 달이 걸릴 정도였습니다. 얇은 책이라면 한 달, 두꺼운 책이라면 반년에서 1년이 걸리는 것이 보통이었습니다.

읽는 것이 느릴 뿐만 아니라, 초등학교 고학년 때는 나츠메 소세키(夏目漱石)의 《나는 고양이로소이다》를 읽고 쓰는 독서 감상문에서 '주인공 고양이에게는 이름이 있다'라고 써버릴 정도로 문해력이 없었습니다. 바로 앞에서 이야기한 10살 여자아이와는 아주 달랐습니다. 이것은 저에게 매우 부끄러운 사건이었습니다. 이 사건 이후로 저에게는 독서 트라우마가 계속 따라다녔습니다.

만화라면, 1권에 10~30분 정도에 다 읽을 수 있는데, 왜 보통의 책은 도중에 잠이 오는 것일까요? 책을 계속 읽고 싶은데, 읽어나갈 수가 없었습니다. 이런 저의 상황이 달라진 것은 10년 전에 만나게 된 어떤 책 덕분입니다.

당시의 저는 인생의 밑바닥에 있었습니다. 독서가 서툰 데다가 영어도 못해 대입시험에서도 두 번이나 실패했습니다. 긴 재수 생활에 지쳐 있기도 했습니다. 인생이 끝났다고 체념하던 찰나에 대학입시 시험을 보고 돌아오는 길에 만난 것이 《돈과 영어의 비상식적인 관계》라는 제목의 책이었습니다. 평소 같으면 읽다가 중간에 좌절했을 법한데, 이때만큼은 왠지 읽어나갈 수 있었습니다.

　독서가 서툴면서도 페이지를 한 장, 한 장 넘겼습니다. 거기에는 충격적인 내용이 담겨 있었습니다. 그 충격적인 내용이 저의 독서에 대한 편견을 없애주었습니다. 그 편견이란, '책은 1페이지의 첫 번째 줄부터 마지막 페이지의 마지막 줄까지 차례대로 읽지 않으면 안 된다'라는 것입니다. 이 책은 저를 단순한 이 편견으로부터 해방시켜주고, 새로운 독서로의 세계로 데려가주었습니다.

　제가 특별한 뭔가를 한 것은 아닙니다. 그저 그 책에 쓰여 있던 대로 책을 읽고 행동했을 뿐입니다. 읽고 행동, 읽고 실천. 그것을 한 달에 1권, 5권 하는 식으로 점점 늘려갔습니다. 그것만으로도 어느새 독서 트라우마가 해소되고 달라지기 시작했습니다. 제가 변하니 환경도 달라졌습니다.

・생각이 바뀌면 행동이 달라진다.
・행동이 바뀌면 습관이 바뀐다.
・습관이 바뀌면 인격이 바뀐다.
・인격이 바뀌면 인생이 바뀐다.

어떤 책에 쓰여 있던 이 말이 정말 그렇다는 것을 실감했습니다. 1지망 대학에는 떨어졌지만, 다행히 야간대학에는 붙었기에 도서관에서 원하는 만큼 책을 읽을 수 있었습니다. 낮에는 책에서 읽은 경영자의 벤처기업에서 근무하고, 밤에는 배우는 날들을 이어갔습니다.

'인생이 끝났다'라고 생각한 상태에서 '다시 시작하고 싶다'라는 생각이 들었습니다. 그리고 밤낮으로 배우는 생활 속에서 불과 일주일간의 공부만으로 전과 시험에 합격했습니다. 대학에서 공부하면서 벤처기업에서 일했고, 그 후 창업을 하게 되었습니다. 크고 작은 좌절을 맛보면서 다양한 프로젝트와 회사 설립에 관여했습니다.

몇 년 후, 오랜 꿈이었던 《돈과 영어의 비상식적인 관계》의 저자, 간다 마사노리(神田昌典) 씨의 비즈니스 파트너가 되었습니다. 지금은 스스로 회사를 차려 동료들과 함께 몇 개의 회사를 경영하며 다음 사회를 위한 사업을 만들고 있습니다.

이것들은 전부 독서가 제 특기가 된 것이 계기가 되어 발생한 일입니다. 그리고 사람과의 만남, 즉 인연 덕분입니다. '이렇게까지 인생을 바꿀 수 있다니…!' 10년 전의 저는 상상조차 할 수 없었습니다. 그 정도로 독서에는 힘이 있습니다.

책을 읽지 않았던 시절의 제 인생은 고독하고 괴로움밖에 없었습니다. 혼자일 때는 괴로움을 어떻게 극복해야 할지 알 수 없었습니다. 지금은 책과 소중한 동료가 있습니다. 그렇기에 비즈니스에서 괴로운 일이 있어도 극복하고, 즐거움이나 기쁨을 나눌 수 있습니다.

책을 읽고 행동하면, 하고 싶었던 일을 차근차근 실현할 수 있게 됩니다.

### ▶ 외서까지 읽게 될 수 있는 획기적인 독서법

저는 20살 때 만난 그 독서법에 마음 저 깊은 곳에서부터 마음을 뺏기게 되었습니다. 만약 이 독서법이 폭넓은 사람들에게 전해져 학교 교육의 장에도 이용될 수 있다면 차별도 전쟁도 없어지리라 생각했습니다. 지금도 그 생각에는 변함이 없습니다.

하지만 현실은 이 독서법을 배움으로써 독서를 할 수 있다는 것을 실감하고 인생이 바뀌는 사람이 있고, 유감스럽게도 실감하지 못하고 독서가 서툰 그대로인 사람이 있습니다. 저는 이 현실에 부딪혔을 때, '나이 상관없이 누구나 할 수 있는 새로운 독서법을 만들 수 없을까?' 하고 고민했습니다.

누구나 만화처럼 가벼운 마음으로 1권당 20분 정도면 읽을 수 있고, 내용을 누군가에게 말할 수 있는 그런 독서법을 만들고 싶었습니다. 그래서 저는 지금까지의 속독이나 다양한 독서법을 분석하고 원리원칙을 정리했습니다. 그뿐만 아니라 최신 뇌과학, 행동경제학, 인지심리학을 바탕으로 새로운 독서법을 재구성하면 어떻게 될지도 실험했습니다.

그 과정에서 탄생한 것이 이 책에서 소개하는 '공명 리딩'입니다. 탄생의 직접적인 계기는 외서를 읽지 않으면 안 되었던 어떤 사건이었습니다.

당시 저는 벤처기업의 새로운 서비스 기획실이나 사업 기획실에서 일하고 있었습니다. 신규 비즈니스를 생각할 때는 국내 사업은 물론, 해외 사업도 리서치하지 않으면 안 됩니다. 해외 사업의 최신 비즈니스를 배우기 위해서는 인터넷으로 검색하는 것은 물론, 정리된 정보를 제대로 얻기 위해 비즈니스 외서를 원서로 읽어야만 합니다.

그때 시도했던 것이 대단히 많은 독서법 중, 손바닥으로 책의 에너지를 느끼고 읽는 방법이 있었습니다. '손바닥으로 읽는다니 수상해!'라고 생각하시는 분들도 계실지도 모릅니다.

솔직히 수상하긴 하지만, 이는 굉장히 간단한 방법으로 간편하게 책을 읽을 수 있습니다. 그래서 새로운 독서법은 이 손바닥으로 책을 읽는다는 발상을 바탕으로 할 수 없을까 생각했습니다. 2~3년 이렇게 생각하다 보니 어떤 발상이 생겨났습니다. '손바닥으로 1권의 에너지를 느끼는 것이 아니라 다른 것에 옮겨 베낄 수는 없을까?' 이렇게 생각해서 종이 한 장을 꺼내 곡선을 그려봤습니다. 그러자 신기하게도 그 곡선을 통해서 책을 읽을 수 있었습니다.

시험 삼아 주변 사람들에게 실천하도록 했습니다. 그러자 어떤 일이 발생했을까요? 주변의 여러 사람들도 할 수 있었습니다. 어느 정도 문장을 읽는 힘이 있으면 누구나 자신이 원하는 정보를 순식간에 얻을 수 있게 됩니다.

그 후, 저는 어떤 사업에서 외서 리서치 업무에 참여하게 되었습니다. 거기서는 매달 50권의 비즈니스 외서를 원문 그대로 읽지 않으면 안 되었습니다. 게다가 읽은 외서에 관한 리포트를 매월 10편 제출하지 않으면 안 되었습니다. 영어를 잘하지 못하는 저는 몹시 낙담했습니다.

그러나 이 새로운 독서법, 공명 리딩을 사용하면 영어를 잘하지 못하는 저도 외국 도서를 쉽게 읽을 수 있습니다. 게다가 영어 실력도 늘어납니다.

현재 외서를 매달 50권 정도 자연스럽게 읽을 수 있는 것은 이 방법 덕분입니다. 그리고 해외의 독자나 컨설턴트와 교류가 가능한 것도 이 공명 리딩으로 길러진 힘 덕분입니다.

### ▶ 세계로 퍼지는 공명 리딩

이 새로운 독서법의 원리를 밝히는 데 2년의 세월이 걸렸습니다. 이후, 3년간의 실천과 방대한 문헌의 연구를 반복한 결과, 현재의 공명 리딩이 된 것입니다. 이제 공명 리딩은 2,000명 이상의 분들이 체험하고 실천해주고 있습니다. NTT 어드밴스 테크놀로지 주식회사, 스즈요 신와트 주식회사라고 하는 기업에서도 채용된 많은 직장인들이 업무에 적용하고 있습니다. 그뿐만 아니라 일본에 머무르지 않고, 세계에서 활용되고 있습니다. 전 세계 180개국에서 전개하는 미국 연수회사로, 포토 리딩이라는 가속 학습법을 낳은 러닝 스트래티지스 사의 가속 학습 텍스트에서도 공명 리딩이 소개되고 있습니다.

공명 리딩으로 당신의 독서는 틀림없이 바뀔 것입니다. 게다가 당신의 숨은 재능을 일깨우고 당신의 일상을 바꿀 것입니다. 또한, 사회의 큰 문제를 해결하는 수단으로도 이어질 것입니다.

이제 페이지를 넘겨 당신의 독서를 크게 바꾸는 여행을 떠납시다.

와타나베 야스히로(渡邊康弘)

## 차 례

| 제1장 |

# 왜 처음부터 마지막까지
# 읽지 않아도 이해할 수 있을까?

| 제4장 |

# 자신의 전문 분야 책 고르는 법과 읽는 법

## | 제5장 |

# 독서로 성과를 내는 사람,
# 읽는 것만으로 끝나는 사람

제1장

---

# 왜 처음부터
# 마지막까지 읽지 않아도
# 이해할 수 있을까?

---

# 빠르게 읽을 수 있을 뿐만이 아니라 인생을 바꾸는 독서법

당신은 1권의 책을 읽는 데, 어느 정도의 시간이 걸리나요? 2시간? 또는 하루? 일주일? 한 달? 3개월? 아니면 반년?

이 책을 읽는 데 지금 당신의 독서 레벨은 상관없습니다. 이 책에서 전하는 독서법 '공명 리딩'은 평균 20분, 최단으로는 8분 만에 읽을 수 있는 것이 특징입니다.

짧은 시간에 내용을 이해할 수 있을 뿐만 아니라 자신이 원하는 정보를 순식간에 얻을 수 있습니다. 게다가 새로운 자신이 되기 위한 행동 계획까지 만들어낼 수 있게 됩니다. 그리고 그 행동 계획에 의해 다음과 같이 인생이 원하는 방향으로 움직이기 시작합니다.

- 이직에 성공해, 연봉이 2배가 되었다.
- 사내에서 평가받아 승진했다.
- 2년 동안 쓰지 못한 논문을 불과 이틀 만에 구성을 완성했다.
- 인간관계가 좋아졌다(특히 가족과 친해졌다).
- 베스트셀러 작가가 되었다.

이것은 고작 몇 가지의 사례에 불과하지만 이보다 다양한 것을 할 수 있게 됩니다.

만약 지금 손에 들고 있는 이 책으로 인해 당신의 독서가 바뀌고 인생이 극적으로 바뀐다면, 당신은 어떻게 할 것인가요? 독서로 어떤 것을 성취하고 싶으신가요?

책장에 가득 쌓아둔 책들을 하나하나 처리할 수 있고, 비즈니스 도서에 쓰여 있는 것을 실천함으로써 일에서 성과를 낼 수도 있을 것입니다. 물론 자신이 원하는 정보를 순식간에 얻을 수 있게 되면 지금 고민하는 것도 책에서 배운 방법으로 바로 해결할 수 있습니다.

선배나 상사, 친구, 아버지나 어머니가 선물한 책도 금세 읽고 난 후, 바로 선물을 준 이에게 감상과 감사를 전할 수 있게 될 것입니다. 게다가 훈련도 필요 없습니다. 이 책만으로 당신은 1권의 책 내용을 20~30분 만에 파악할 수 있게 됩니다. 당연히 많은 사람이 말도 안 된다고 생각할 것입니다. 그런데 그건 도대체 누가 정하는 것인가요? 그렇습니다. 당신 자신입니다. 많은 사람이 자기 스스로 자신의 가능성을 좁히고 있습니다.

중요한 것은 자신의 가능성을 믿는 것입니다. '이 이야기가 사실이라면 어떨까?', '그게 현실이 된다면 나에게 어떤 좋은 일이 있을까?'라는 전제하에 움직여보는 것입니다.

공명 리딩은 맵을 그리면서 책과 공명하고 저자와 대화하면서 단시간에 자신이 원하는 정보를 얻을 수 있는 독서법입니다. 게다가 어떤 장르든 상관없습니다. 비즈니스 도서, 소설, 전문서, 외서, 전자 서적, 리포트 등 문서라면 어떤 종류든 상관없이 활용할 수 있습니다.

이 책을 통해 공명 리딩을 당신의 것으로 만듦으로써 독서 트라우마를 해결하고 독서를 지금보다 훨씬 가까운 존재가 될 수 있습니다. 더욱이 책과 능숙하게 연결됨으로써 당신의 재능을 꽃피우고, 마음속에 그려왔던 인생을 보내면서 매일 즐거운 날들이 계속될 수 있습니다.

# 단 1분의 심호흡이
# 당신의 집중력을 높인다

이 책을 본격적으로 읽기 전에 먼저 할 일이 있습니다. 바로, 당신의 집중력을 높이기 위해 잠시 느긋한 호흡을 하는 것입니다.

### 한순간에 집중력을 높이는 1분 호흡법

① 배꼽에서 아래를 향해 옆으로 한 손가락을 세 개 올려둔 곳을 의식합니다.

② 숨을 느긋하게 입에서 '후우' 하고, 소리를 내듯이 내뱉습니다(약 5초).

③ 숨을 느긋하게 코에서 '스우' 소리가 나게 들이마십니다 (약 5초).

④ 숨을 내쉬고 들이마시는 것이 1 사이클입니다. 이 사이클을 1분간 계속합니다.

'고작 이것만으로 집중력이 높아진다고?'라고 생각할 수도 있습니다. 그러나 이미 스탠퍼드 대학 등의 의지력 연구소에서 '느긋하게 1분간 호흡을 하면 의지력이 높아지는 연구'를 통해 밝혀냈습니다.

또한 느긋한 호흡을 1분간 계속함으로써 뇌파는 스트레스를 느낄 때 생기는 베타파에서 릴렉스할 때 생기는 알파파로 전환됩니다. 뇌파가 알파파로 되면 집중력이 높아집니다.

우선 호흡을 느긋하게 한 후, 그다음 이 책을 읽어봅시다.

# 생각을 바꾸는 것만으로
# 서툰 독서를 극복할 수 있다

'독서를 하고 싶다' 생각하면서도 독서에 서툰 사람이 의외로 많습니다. '왜 더 빨리 읽을 수 없을까?', '읽은 내용을 전혀 기억하지 못 하겠다', '내용이 너무 어렵다' 등 읽어내려가는 사이에 점점 눈꺼풀이 무거워집니다. 오늘이야말로 이 책을 다 읽겠다는 각오도 잠시, 정신 차려보면 어느새 꿈속입니다.

눈을 뜨고 난 후, 또 잠들었다고 후회하게 과정을 반복하게 됩니다. 독서를 잘하는 친구는 점점 여러 장르의 책을 읽어나가 그들과 대화도 쫓아갈 수 없게 되어 자신은 독서를 잘하지 못한다고 생각하게 됩니다.

저 역시 그랬습니다. 독서를 잘하지 못했기 때문에 '책을 빨리 읽을 수 있고, 책의 내용을 술술 이야기할 수 있다면 일상이 얼마나 즐거울까?'라고 생각했습니다. 그래서 독서를 잘할 것 같은 수십 명의 경영자를 인터뷰했습니다. 동시에 독서를 잘하지 못하는 사람들도 인터뷰해 왜 자신이 독서를 잘하지 못한다고 느끼는지 그 공통점을 깨달았습니다.

## 독서를 잘하지 못하는 사람들의 공통점

- 한 글자, 한 글자를 정확하게 이해하고, 기억하고 있는 것이 독서라고 믿고 있다.
- 글자 하나하나를 다 이해할 때까지 계속 진행하지 않으니 시간이 걸린다.
- 문자를 빨리 쫓을 수 있지만, 머리에 남은 느낌이 없다.
- 결국 머리에 남은 느낌이 들지 않아 읽은 곳을 몇 번이고 다시 읽는다. 빨리 읽어도 기억이 안 나니 또 읽는다.

이런 이유로 시간이 남들보다 많이 걸리기 때문에 독서는 어렵다고 느끼게 되고, 자신이 서투르다고 생각하는 것입니다. 이와 같은 딜레마에 빠져 독서 트라우마를 안고 있는 것입니다.

그렇다면 이 독서의 딜레마를 극복하려면 어떻게 해야 할까요?

그러려면 독서에 대한 새로운 시각을 가져야 합니다. 그 새로운 시각이란 독서의 두 축, '보다'와 '생각하다'를 아는 것입니다. 독서를 잘하지 못한다고 느끼는 사람일수록 글자에 대해 '보기'와 '생각하기'를 동시에 하고 있습니다.

글자를 정확하게 보고 이 의미가 어떤 것인지 생각합니다. 그리고 조금 전에 읽은 글과 내용상으로 맞는지 생각합니다. 생각하다 보면 불안해져서 그 부분을 다시 읽게 됩니다. 맞는지에 집착해서 이것을 반복하고 있는 것입니다. 이래서는 당연히 다음 문장으로 넘어가지 못하고 시간이 걸립니다.

독서는 '보다'와 '생각하다', 이렇게 두 가지 과정으로 이루어져 있습니다. '보다' 축은 심플합니다. 우리는 눈에 들어온 것을 무의식적으로 판별하고 있습니다. 넓은 시야로 바라볼 때의 '보기(観)', 문자를 인식하는 의식적인 '보기(見)'. 이 보는 것을 천천히 하는 사람도 있고, 빠른 사람도 있습니다.

'생각하다' 축은 '바로'와 '곰곰이' 두 가지로 나뉩니다. 문자로 인식한 정보를 과거 자신의 경험이나 지식을 바탕으로 생각하고 글을 이해합니다.

이렇게 독서를 나눠보면 다음의 네 가지 독서 스타일로 분류
할 수 있습니다.

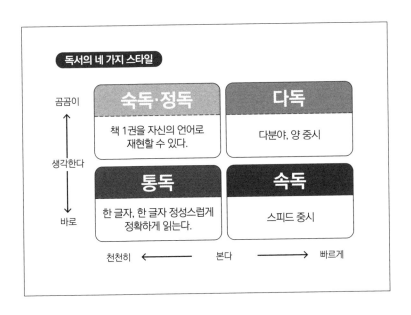

통독이라고 하는 것은 우리가 학교에서 배운 독서법을 말합
니다. 소리 내어 또는 마음으로 한 글자, 한 구절 놓치지 않고
읽어나가는 방법입니다. 글자를 보고 생각하는 것을 동시에 하
고 있습니다.

속독은 보는 데 집중하는, 시간과 효율 중시의 독서법입니다.
속도를 높여서 필요한 곳만 봅니다.

다독은 책을 대량으로 읽는 방법입니다. 대량의 책을 먼저 본 후, 그런 다음에 여러 권의 책을 비교하고 차이점을 발견합니다.

숙독·정독이란 정확하게 읽고, 자신의 것으로 하는 독서법입니다. 저자의 의견도 정확히 이해하고 자신의 말로 1권의 책을 재현할 수 있는 수준이 되는 것입니다.

# 처음부터 모든 것을
# 이해하지 않아도 된다

'책 핵심내용의 이해와 기억', '저자의 독창성이나 시선 발견', '문체 음미' 등, 당신은 이것을 '처음 읽어나가면서 하지 않으면 안 된다'라고 생각하고 있지는 않습니까? 만약 '한 번에 하지 않으면 안 된다'라고 생각했다면 그것은 잘못된 것입니다.

예를 들어, 어떤 모임 자리에서 처음 만나는 사람과 당신은 5분 동안 어떤 대화를 하나요? 갑자기 상대방에 대해서 한 번에 모든 것을 물어보지는 않을 것입니다. 먼저 상대방의 이름을 듣고 지금 하는 일이나 오늘 참가한 이유 등을 물을 것입니다. 이와 마찬가지로 첫 번째 독서에서 전부를 알려고 하는 것은 처음 만난 사람의 전부를 알려고 하는 것입니다.

뇌는 여러 가지 일을 한 번에 하려고 하면 충격 상태에 빠져 기능이 정지해버립니다. 처음 한 번의 독서로 모든 것을 할 필요는 없습니다. 학습은 일회성으로 끝내는 것보다 횟수를 거듭하거나 접근법을 바꾸는 식으로 하는 것이 더 이해도 잘 되고 더 많이 기억할 수 있다는 것이 많은 연구를 통해 검증되고 있습니다.

이를 독서에 적용하면 처음 읽을 때 원하는 것을 적은 후, 책을 다른 방식으로 읽어나가면 이해도와 기억력이 높아진다는 것입니다.

즉, 갑자기 통독에서 숙독·정독으로는 향하지 않습니다. 처음에는 한 글자, 한 글자의 정확함이나 이해도를 요구하지 않

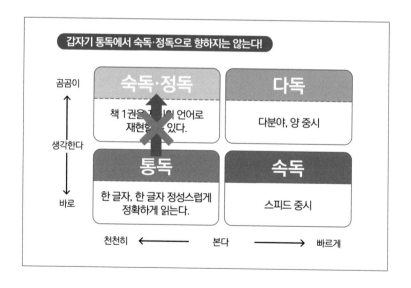

는 것입니다. 전문가의 독서법에서도 1권의 책을 이해하기 위해서는 먼저 그 책의 논지를 파악하는 것이 먼저입니다.

그리고 더 깊은 이해를 하고 싶다면 그 책을 더 숙독하기보다는 참고문헌 목록을 바라보고 그중 몇 권을 읽은 후, 그 책의 저자가 책을 만드는 착상까지 이해하려고 합니다.

다음 자료를 보면, 그 책의 전체상을 파악하기 위해서 속도를 중시한 속독을 한 다음, 참고문헌을 다독하고, 거기서부터 숙독·정독을 하고 있습니다.

지식 창조 전문가들조차 이런 흐름으로 읽고 있는데, 처음 읽어나가면서 모든 것을 파악하려는 것은 어려운 일입니다.

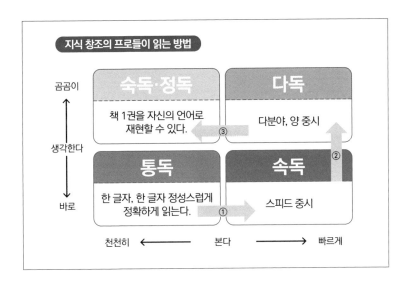

# 해외 영화의 자막과
# 독서의 비상식적인 관계

왜 처음에는 한 글자, 한 글자 따라가지 않고 스피드를 중시하며 전체를 파악하는 독서법이 좋은 것일까요? 그것은 먼저 빠르게 문자를 훑는 것이 내용을 이해하기 쉽기 때문입니다.

어떤 30대 여성은 자막을 따라가지 못해 해외 영화의 더빙판 밖에 감상할 수 없었다고 합니다. 글자를 쫓으면서 그 한 글자, 한 글자를 이해하는 것이 어려웠기에 영화를 보고 있으면 영화의 내용을 이해할 수 없었다고 합니다. 그래서 20분 정도가 지나면 졸음이 몰려오기 시작했다고 합니다. 이런 현상은 독서에서도 마찬가지일 것입니다.

저는 과거에 영상 회사에서 어시스턴트로 영상 편집을 했던 경험이 있습니다. 일본어 자막은 1초에 4자를 읽는다는 전제 하에 한 번에 20자 이내로 담아내는 것을 기본으로 하고 있습니다. 그러므로 4~5초 안에 내용을 파악해야 합니다. 이것은 문자를 보고 이해하는 것이 서투른 사람에게는 매우 힘듭니다.

그런데 흥미로웠던 것이 앞에서 말한 30대 여자는 신기하게 도 시리즈물 해외 영화는 자막으로도 감상할 수 있었다고 합니다. 예를 들어 〈미션 임파서블〉, 〈스타워즈〉, 〈007〉, 〈해리포터〉 등 과거에 방영된 유명한 작품의 시리즈는 더빙 없이 자막만으로도 괜찮았다고 합니다.

왜 그럴까요? 저는 그녀의 이야기를 듣고 있는 사이에 그 이유를 알 수 있었습니다. 그것은 시리즈물 해외 영화는 이미 전작을 통해 주요 등장인물과 스토리 전개를 어느 정도 파악하고 있기 때문입니다. 그래서 자막판으로도 끝까지 감상할 수 있는 것입니다.

지식을 자신의 것으로 만드는 과정도 이와 같습니다.
읽고 지식으로 만들기 위해서는 먼저 글을 보는 것에만 집중하고 동시에 깊이 생각하지 않아야 합니다. 처음 읽을 때는 보는 것에 집중해서 눈으로만 가볍게 담습니다. 그리고 두 번째 이후부터 비스듬히 읽기 등을 하면서 자신의 궁금한 정보에 초점을 맞추면서 읽어나가면 됩니다. 그렇게 그 책의 데이터가 들어오게 됩니다.

그 책을 읽은 다음에는 같은 장르의 다른 책을 읽습니다. 영화로 말하면, 같은 시리즈를 보거나 같은 감독이 만든 작품, 같은 배우가 나오는 작품을 감상하는 것입니다. 이미 알고 있는 정보이기에 익숙해서 속도를 높여 읽을 수 있습니다.

빨리 읽으면서 이해도도 높이고 싶다면 내용을 곰곰이 '생각하기'보다 먼저 '보는' 것에 집중해주세요. 이것이 당신을 독서의 딜레마에서 해방해 여러 장르를 빠른 속도로 읽게 하고 더 많은 내용을 기억하게 해줄 것입니다.

# 먼저 목차를 보는 것은
# 과학적으로 역효과를 낳는다

독서의 딜레마를 벗어나는 방법은 지금까지의 이야기로 이해하셨으리라 생각합니다. 독서를 할 때 '보기'와 '생각하기'를 동시에 하지 않는 것이 독서 속도를 높이는 요령입니다.

중요한 것을 한 가지 더 말씀드리겠습니다. 많은 분이 중요하다고 오해하고 있는 부분입니다. 그것은 '목차를 먼저 읽는 것'입니다. 이는 많은 독서법에서도 권하고 있기도 하지만, 독서를 잘하는 사람도, 못하는 사람도 왜인지 반드시 먼저 저자의 프로필이나 목차, 프롤로그를 봅니다. 그리고 거기서부터 본문으로 들어갑니다.

하지만 단시간에 자신이 원하는 정보를 얻고 싶다면 지금 당장 목차를 먼저 읽는 것을 그만둬야 합니다. 처음에 목차를 읽어버리는 것은 인지과학이나 뇌과학적으로 봐도 역효과입니다. 그 이유는 간단합니다. 처음에 목차를 봄으로써 '편견'이 발생하게 되기 때문입니다.

목차를 먼저 보는 것은 만드는 사람의 시점과 의도를 파악할 수 있기에 어떤 부분에서는 효과적입니다. 저자는 독자들이 빨리 책의 내용과 자신의 메시지를 파악할 수 있도록 목차나 본문의 굵은 글씨, 프로필 등에 많은 공을 들입니다. 저자의 의견을 정확하게 파악하는 것이 당신의 목적이라면 먼저 목차를 봐도 좋습니다. 그러나 자신이 원하는 정보를 빨리 얻는 것이 목적이라면 먼저 목차를 보지 않아야 합니다.

오랜 세월에 걸쳐 수만 권의 책을 읽어온 저의 경험에서도 저에게 꼭 필요하다고 생각한 부분이 저자의 메시지나 논지와 반드시 일치한 것은 아니었습니다. 오사와 마유키(大澤真幸) 전 게이대 교수도 《지식의 기법 입문》에서 "그 책의 핵심 주장이 나에게 중요한 내용과 반드시 일치하는 것은 아니다"라고 말합니다. 중요한 것은 '당신의 시점'입니다. 당신이 원하는 정보는 당신의 시점이 결정하는 것입니다. 먼저 저자 시점에서의 책에 대한 편견이 발생해버리면 조금 성가시게 됩니다.

이것은 뇌과학의 관점에서도 말할 수 있습니다. 저는 뇌과학자가 아니지만, 뇌과학 논문과 뇌과학자 친구와의 대화에서 얻은 관점입니다. 많은 사람이 알고 있겠지만, TV나 잡지 등에 소개되는 뇌과학처럼 실제 뇌과학은 편리한 것도 아니고 그렇게 만능이 아닙니다. 다만 수십 년 전보다 뇌에 관한 해명이 가속화되고 있는 것은 확실합니다.

하지만 지금까지도 알 수 없는 부분이 많은 것이 뇌과학입니다. 뇌과학 분야에서 최근 주목을 받는 것이 '바이어스'입니다. 즉, 편견을 말합니다. 이 편견 연구를 이해한다면, 우리의 학습에 도움이 될 것입니다.

# 자신이 진정으로 원하는 정보를
# 얻기 위해 하지 말아야 할 일

우리는 다음 두 가지 과정을 통해 사물을 인지하고 기억합니다.

· 무의식적으로 기억하고, 의도치 않게 생각하고 있는 '프로세스 1'
· 의식하고 외우고, 의도적으로 생각나는 '프로세스 2'

우리는 만났을 때의 첫인상이 중요하다는 말을 자주 듣습니다. 그것은 무의식적으로 받은 첫인상이 좀처럼 변하지 않기 때문입니다. 예를 들어, 친구의 얼굴이나 목소리를 한번 기억하게 되면 의식하지 않아도 눈의 크기와 목소리의 높이 등을 감지하게 됩니다. 여기에는 무의식적으로 처리하는 프로세스

1이 작용하고 있습니다.

그리고 여러 차례 만나면서 '처음 느꼈던 분위기와 다른 것 같다. 사실은 이랬네' 등 첫인상에 정보가 더해져 인식이 변합니다. 여기에는 의식적으로 다시 인식해 생각해내는 프로세스 2가 작용하고 있습니다.

학습이나 독서에서도 마찬가지입니다. 아이가 말을 무의식적으로 배우게 되듯이, 우리는 프로세스 1을 통해 많은 것을 무의식적으로 알고 기억하고 있는 것입니다.

그렇기에 '제일 먼저 무엇을 보느냐'가 중요한 것입니다. 무의식적으로 심어진 생각으로 중요한 것을 얻을 수 없게 됩니다. 즉, 먼저 목차를 봄으로써 저자의 논지가 무의식중에 전달되어 오히려 자신이 진정으로 원하는 정보를 얻을 수 없게 됩니다. 그 인상을 의식적으로 바꾸려면 당신의 노력과 시간이 당연히 필요합니다.

독서의 중심은 '당신'입니다. 책이나 저자가 아닙니다. 만약 당신이 지금 커피를 마시고 싶다고 한다면, 당신은 커피라면 무엇이든 괜찮나요? 당신이 원하는 것은 스타벅스의 카페라테일 수도 있고 편의점의 100엔 커피일 수도 있습니다. 아니면 커피를 싫어하는 힐러리 클린턴(Hillary Rodham Clinton)이 감동한 바흐 블렌드일지도 모릅니다.

자신이 원하는 것을 상대방에게 전달하기 위해서는 의사소통이 필요합니다. 스타벅스 카페라테라고 해도 당신에게는 그냥 카페라테가 아니라 더 진한 커피 향과 부드러운 맛을 즐기기 위한 우유가 적게 들어간 카페라테일지도 모릅니다. 커피 한 잔이라고 해도 원하는 것은 사람마다 다릅니다.

목차부터 갑자기 읽기 시작하는 것은 스스로 나서서 저자가 만든 만인을 향한 커피를 억지로 마시러 가는 것과 같습니다. '어쩌다 보니', '아닌 것 같으면서도' 한번 마셔버리니 커피를 마시고 싶었던 욕구는 충족되고, 정말 원하는 것이 무언지 잊어버리게 됩니다.

이 책에서 전하는 공명 리딩은 독서를 당신 중심으로 하기 위해 목차를 먼저 보지 않습니다. 저자의 '이렇게 읽어달라'는 생각에 휘둘리지 않고 저자와 수다를 떠는 듯한 느낌으로 당신이 정말 원하는 정보를 단시간에 얻는 방법입니다.

# 독서를 가속화시키는 공명이란?

  당신이 원하는 정보를 단시간에 얻을 수 있는 공명 리딩의 '공명(共鳴)'이란 어떤 것일까요?

  공명은 소리와 소리가 서로 겹쳐 조화를 이루는 것을 의미합니다. 공명을 사전에서 찾아보면 '진동수가 같은 발음체를 나란히 놓고 한쪽을 울리면 다른 한쪽도 소리를 내는 현상으로, 다른 사람의 사고방식과 행동에 자신도 진심으로 공감하는 것을 말한다'라고 나옵니다.

  공명은 일본인들에게는 많이 쓰이지 않지만, 해외 글로벌 엘리트들이 많이 사용하는 단어입니다. '회사의 비전에 공명되었다', '당신의 사고방식에 깊이 공명되었다' 하는 식으로 긍정적으로 사용됩니다.

또 공명에 대해 스포츠에서 말하는 '존(Zone)'이라고 말하는 사람도 있습니다. 존은 심리학에서 말하는 '플로우 상태(Flow State)'에 들어가는 것을 말합니다. 게다가 이 플로우 상태에 대해 사람을 끌어들이는 영향을 가지고 있는 것이라고 이야기하는 사람도 있습니다.

플로우는 자신의 취미에 몰두하고 있는 순간에 일어난다고 합니다. 심리학자 미하이 칙센트미하이(Mihaly Csikszentmihalyi)는 "플로우는 지금 이 순간에 몰입해서 모든 것을 통제하고 있는 것 같은 감각"이라고 말합니다.

즉, 공명 리딩은 저자가 쓴 책의 에너지를 울림으로써 자기 자신의 마음의 소리, 숨은 재능을 도출해가는 독서법입니다. 나아가 책에 몰입해 짧은 시간 안에 자신이 원하는 정보를 얻고, 숨겨진 재능을 발휘하는 행동으로 이어지는 영감을 얻을 수 있습니다.

당신의 독서를 이상적인 상태로 제어하면서 즐길 수 있습니다. 이 독서법을 익히면 당신도 독서를 단시간에 끝낼 수 있게 될 것입니다. 가볍게 하루 1권은 읽을 수 있게 되어 연간 300권 이상의 책을 읽을 수 있게 됩니다.

# 몸은 손에 닿은 것의 본질을
# 순식간에 이해한다

　공명 리딩은 책을 다 읽지 않아도 자신이 원하는 정보를 얻을 수 있는 독서법입니다. 왜 다 읽지 않아도 될까요? 공명 리딩을 뒷받침하는 다섯 가지 가설에 그 비밀이 있습니다.

### 공명 리딩을 뒷받침하는 다섯 가지 가설

**가설①** 책을 만지는 순간, 몸은 정보를 얻고 있다.

**가설②** 아무리 빨리 페이지를 넘겨도 뇌에 들어간다.

**가설③** 뇌는 뭔가 의미를 부여하려고 하고 있다.

**가설④** 사람은 입장을 바꿔 읽음으로써 이해나 기억이 바뀐다.

**가설⑤** 이야기의 구조로 읽으면 이해가 빨라진다.

'책을 만지는 순간 몸은 정보를 얻는다니, 그런 일이 있을 수 없다'라고 생각할 수도 있습니다. 그러나 공명 리딩은 과학적 근거와 각계에서 상식적으로 알려진 것을 전제로 가설을 세우고 검증하면서 만들어졌습니다. 이러한 가설이 성립되어 있기 때문에, 책 전체를 읽지 않아도 자신이 원하는 정보를 얻을 수 있는 것입니다.

먼저 첫 번째 가설 '책을 만지는 순간, 몸은 정보를 얻고 있다'입니다. 지금까지 여러 가지 이야기를 했지만, 솔직히 말씀드리면 몸은 0.1초 만에 독서를 끝내고 있습니다. 책을 든 순간에 우리 몸은 그 책의 본질을 얻고 있습니다. 즉, 눈으로 책을 읽기 전부터 우리 몸은 그 내용을 이해하고 있는 것입니다. '그런 바보 같은 일이 있다니…' 하고 생각할지도 모릅니다. 저도 옛날에는 그렇게 생각했습니다.

'몸은 사물을 만지는 단계에서 그 본질을 안다'라는 것은 이미 과학에서 밝혀졌습니다. 예를 들어, 남자 테니스계의 세계 챔피언으로 군림하는 노박 조코비치(Novak Djokovic) 선수의 예를 소개하겠습니다.

조코비치는 글루텐 불내증이라는 알레르기가 있는 것으로 유명한데, 그 검사를 한 실험이 흥미롭습니다. 저서《조코비치의 거듭나는 식사》에서는 몸이 순식간에 사물의 본질을 얻고 있음을 보여주는 실험이 소개되고 있습니다.

글루텐 알레르기 여부를 테스트하기 위해서 의사는 먼저 조코비치에게 오른팔을 뻗고 힘을 주라고 말합니다. 그리고 의사는 오른팔을 내리기 위해 힘을 줍니다. 그 반응을 확인한 후, 의사는 조코비치에게 빵 한 조각을 건넵니다. 그리고 그것을 든 채 오른팔을 뻗으라고 말합니다. 의사는 조금 전과 마찬가지로 그 오른팔을 내리려고 힘을 줍니다. 그러자 조코비치는 전혀 힘을 주지 못하고 바로 오른팔이 내려가 버립니다. 이것은 '키네시올로지(Kinesiology)의 근반사 테스트'라는 실험입니다. 우리 몸은 사물을 만지는 순간, 근육이 반응하고 있다는 것입니다.

이를 책에 적용해도 마찬가지입니다. 다음의 실험을 통해 당신도 시도해봅시다. 이상한 선입견은 가지지 않아도 됩니다. 무슨 일이든 먼저 도전해보는 것이 우선입니다.

### 실험 1. 책을 든 순간에 몸은 변화하고 있다

① 책을 고르기 전에 먼저 앞으로 구부리고 바닥에 얼마나 가까이 다가갈 수 있는지 확인합니다.

② 당신이 앞으로 읽고 싶은 책을 고릅니다.

③ 읽고 싶은 책을 들고 똑같이 앞으로 굽혀봅니다.

어때요? 몸에 변화가 일어나지 않나요?

책에 따라서 앞으로 굽힐 수 있는 상태가 달라지는 것입니다. '거짓말, 말도 안 돼'라고 생각하는 분들도 꼭 다른 책으로도 실험해보세요.

사람마다 다르지만, 일반적으로 자신에게 친숙해지기 쉬운 책은 근육이 부드러워지고 앞으로 굽히기 쉬워집니다. 반대로 자신에게 조금 어렵다고 느끼고 있는 책은 근육이 경직되어 앞으로 굽히기가 어렵습니다.

우리 몸은 사물의 본질을 뇌보다 빨리 파악하고 있습니다. 0.1초는 물건을 만지는 순간 발생하는 전기 신호가 뇌의 신경 세포에 도달하는 시간입니다. 그래서 책은 에너지라고 하는 분도 있습니다. 우리 몸은 책을 손에 쥐는 순간 그 에너지를 받는 것입니다.

그런데 몸으로 에너지를 받기는 했지만, 아직 이 시점에서는 뇌나 의식 수준에서 그 내용을 지각하지 못합니다. 즉, 지각할 수 있는 독서 방법의 실시가 필요한 시점입니다.

공명 리딩은 이 몸이 감지한 에너지를 선으로 옮겨 책을 읽게 합니다. 2장에서 구체적으로 설명해드리겠습니다. 빨리 확인하고 싶으신 분은 바로 2장으로 넘어가면 됩니다.

## 책을 든 순간에 몸은 변화하고 있다

① 앞으로 굽혀서 얼마나 바닥에 가까워지는지 체크한다.

② 읽고 싶은 책을 고른다.

③ 읽고 싶은 책을 들고 ①과 마찬가지로 앞으로 굽힌다.

# 책을 펄럭이는 것만으로도
# 뇌에 들어가는 이유

두 번째 가설은 '아무리 빨리 페이지를 넘겨도 뇌에 들어간다' 입니다. 사실, 단 1분 만에 뇌에 책 정보를 넣을 수 있습니다. 그 방법은 바로 '1분 동안 책을 펄럭거리며 넘기는 것'입니다. 이것은 많은 독서법에서도 이야기하고 있지만, 실제로 유효합니다.

공명 리딩에서도 본격적으로 독서를 하기 전에 반드시 1분 정도 책을 펄럭이며 넘깁니다. '책장을 넘기는 것만으로 내용을 이해할 수 있다니…?'라고 의아해할 수 있지만, 이해했다는 사례도 다수 있습니다.

일본에서도 뇌과학계의 속독 붐을 일으킨 포토 리딩 책《당신도 지금까지의 10배 빨리 책을 읽을 수 있다》에 애리조나주

피닉스의 한 속독 스쿨 사례가 실려 있습니다. 그 사례는 눈을 움직이지 않은 상태에서 책을 거꾸로 뒤집어서 뒤에서부터 펄럭펄럭 페이지를 넘겨도 이해를 했는지, 그 이해도를 테스트했더니 역대 최고의 점수가 나왔다는 것입니다.

저도 실제로 독서 모임이나 워크숍에서 책을 펄럭이는 실험을 합니다. 처음에는 반신반의로 어리둥절하며 수상하다고 생각하는 참가자도 책을 펄럭펄럭한 것만으로 두근거렸다고 이야기합니다.

책을 펄럭이며 넘기는 것에 대해 '믿는다', '믿지 않는다', 이전에 이 행동으로 인해 책에 대한 친숙감이 생기고 그 자체로 이해도가 높아집니다. 이 친숙감이 뇌와 마음에 안정감을 주고 학습을 촉진하는 것입니다.

정말 친숙한지 아닌지를 다음 실험에서 확인해보겠습니다.

### 실험 2. 책을 1분간 펄럭인다

① 조금 전, 몸을 굽히는 실험에서 이용했던 책을 1분 동안 펄럭이며 넘깁니다.
② 다시 한번 그 펄럭인 책을 들고 앞으로 구부려봅니다.

이 실험의 요령은 펄럭펄럭하는 속도를 빨리하는 것입니다. 너무 빨라서 소리가 날 정도여야 합니다. 문자를 눈으로 좇을 수 없을 정도로 속도를 내는 것이 중요합니다. 어쨌든 1분 동안 박진감 있게 몸에 책이 익숙해질 때까지 여러 번 책을 펄럭펄럭합시다.

이 펄럭펄럭하기를 지탱하고 있는 것은 잠재의식 효과(Subliminal Effect)나 프라이밍 효과(Priming Effect)에 근거한 것입니다.

잠재의식 효과란 무엇인가 나타났으나 그 자리에서는 지각할 수 없었지만, 그 후의 행동에서 그 지각되지 않았지만 나타난 것의 영향이 보이는 것을 가리킵니다.

프라이밍 효과란 미리 어떤 것을 보고 들어둠으로써 다른 것을 기억하기 쉬워지는 것을 말합니다.

최근 수십 년간의 실험 결과에 따라 잠재의식 자극을 사전에 실시함으로써 단어나 어휘의 판단 속도가 향상되는 것을 밝혀냈습니다. 이 잠재의식 효과를 긍정적으로 활용해서 당신의 독서를 빠르게 해주는 것이 책장을 펄럭이는 것입니다. 속독법 중에는 안구 훈련을 통해 글자 읽는 속도를 높이거나 페이지를 1초마다 넘기는 방법이 있는데, 이러한 효과 중 일부는 이 책장을 펄럭펄럭하는 것으로 대체할 수 있습니다.

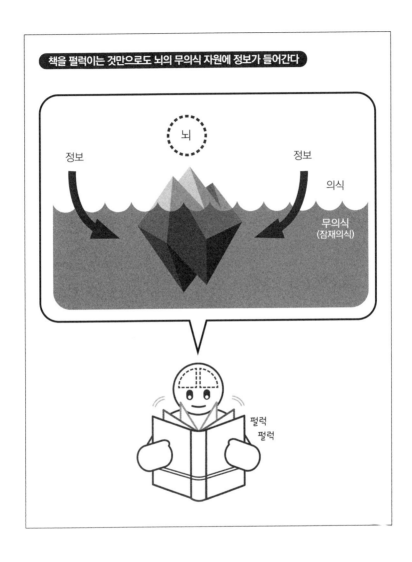

책장을 펄럭펄럭하면 책에 쓰인 정보가 무의식 자원, 즉 잠재의식으로 들어갑니다. 이 시점에서 의식적으로 그 정보를 파악하는 것은 어렵지만, 이것만으로도 뇌는 이 책에 익숙함을

느끼게 됩니다.

세계적으로 저명한 덴마크 과학 저널리스트 토르 노레트랜더스(Tor Norretranders)는 《사용자 일루션》에서 의식과 잠재의식의 정보처리 속도를 언급하고 있습니다. 의식의 정보처리 속도가 초당 40비트인 반면, 잠재의식이 감각기관을 통해 처리하는 속도는 초당 1,100만 비트입니다. 즉, 무의식의 자원에 정보를 보내는 것으로 우리는 27.5만 배나 빠른 속도로 정보처리가 가능합니다.

게다가 2장에서 설명하는 공명 리딩 단계를 통해 뇌의 무의식에 넣은 정보를 의식적으로 끌어낼 수 있습니다. 덧붙여서 (이것은 조금 억지지만) '펄럭펄럭'의 일본어 표현인 파라파라(パラパラ)의 어원, 파라(Para)는 그리스어로 '가깝다, 넘다'를 의미하며, 라틴어의 어원인 'Parare'에서는 '준비하다, 가린다'라고 되어 있습니다.

즉, '파라파라'라는 것은 어원의 소리로 볼 때, '독서 준비를 하기 위해 정상적인 속도를 초과해서 읽는다'라는 것을 의미하는 것이 아닐까 생각합니다.

독서를 시작하기 전에 먼저 책을 빠른 속도로 펄럭거려봅시다.

# 읽는 목적을 정하는 것만으로 속도와 기억력이 높아진다

몸은 0.1초 만에 정보를 읽는 것을 완료하고 뇌는 1분 만에 정보를 읽는 것을 완료한다는 것을 앞에서 이야기했습니다. 지금부터는 뇌의 확대된 기능에 접근해보겠습니다. 이 장에서는 세 번째 가설, '뇌는 뭔가 의미를 부여하려고 하고 있다'에 대해서 이야기하려고 합니다.

어렸을 때 집 천장을 올려다보다가 잠을 못 잔 경험이 없나요? 천장의 나뭇결을 보고 그게 귀신이나 귀신처럼 보여서 잠을 못 잔 경험이 있는 분들도 있을 것입니다. 뇌는 뭔가 있다고 생각하면, 과거의 경험이나 사상에 비춰서 생각합니다. 이것은 착시나 착각과 같은 뇌의 확대된 기능입니다. 그런데 이 기능을 이용하면 독서 속도를 높일 수 있습니다.

그래서 중요한 것이 '책을 읽는 목적을 정하는 것'입니다. 우리 뇌는 목적이 없으면 멍한 상태로 남아 있지만 명확한 목적을 가지는 순간, 목적을 달성하는 데 필요한 정보를 찾기 시작합니다.

이제 그 유용성을 확인하는 실험을 해보겠습니다.

### 실험3. 목적의 실천

① 이 페이지를 펼친 채 본문을 바라봅니다.

② 본문을 바라보면서 머릿속에서 지금 당신이 있는 공간을 생각합니다.

③ 지금 당신이 있는 공간에 '빨간색'이 몇 개나 있었는지 기억해봅니다.

④ 몇 개가 있었는지 머릿속에 떠올리고 주위를 둘러보며 확인합니다.

⑤ 바라보고 확인한 후, 이번에는 눈을 가볍게 감고 머릿속에 지금 당신이 있는 공간이 생각하면서 빨간색이 몇 개였는지 생각해봅니다.

⑥ 생각나면 천천히 눈을 뜹니다.

맞는지 아닌지는 중요하지 않습니다. 생각하는 중에 '빨간색'인 것이 머릿속으로 훅 뛰어들지는 않았나요? 이것이 독서를 할 때 목적을 정하는 것의 장점입니다. 머릿속에서 공간을 생각했을 때, 처음 머릿속에서 생각했을 때보다 명확하게 '빨간색'인 것이 몇 개 있었는지 생각나지는 않았나요?

이 실험에서 알 수 있듯이 '목적을 정하고 독서를 하는 것'에는 다음의 두 가지 장점이 있습니다.

· 자신이 찾고 있는 정보가 눈에 띄기 쉬워진다. → 속도가 오른다.
· 찾아서 얻은 정보가 기억에 남기 쉽다. → 기억으로 연결되기 쉬워진다.

# 사람은 입장을 바꿔 읽음으로써
# 이해도와 기억력이 높아진다

독서를 할 때 당신은 어떤 입장에서 읽고 있나요?

이번에는 네 번째 가설, '사람은 입장을 바꾸어 읽음으로써 이해나 기억이 바뀐다'에 대해서 이야기해볼까요?

독서 속도는 읽기를 '보기' 축에 집중하는 것이나 책을 펄럭 거림으로써 올라간다는 것을 알 수 있었습니다. 하지만 역시 책의 내용을 이해하고 기억하고 싶겠죠? 그리고 사람들에게 설명할 수 있으면 좋겠다고 생각하는 분들도 많을 것입니다.

이해도와 기억력을 높이기 위해서는 책을 읽는 시점을 바꿔 보는 것이 좋습니다. 심리학자 앤더슨과 피차트(Anderson & Pichert)는 '단순히 입장을 바꾸는 것만으로, 기억과 이해도가 달라진다'는 내용의 실험을 진행했습니다.

이 실험에서는 먼저 '집을 사는 입장의 그룹'과 '도둑 입장의 그룹'으로 분류해서 같은 이야기를 읽어 기억하게 했다고 합니다. 그다음에 기억 테스트를 하고 두 그룹을 다시 나눠 반은 아까와 반대 입장의 그룹이 되어 다시 기억 테스트를 했다고 합니다.

그 결과, 다른 입장을 가진 두 그룹은 다른 시점에서 기억 테스트를 함으로써 첫 번째에서는 해답을 얻지 못한 항목에 대해 해답을 얻을 수 있었다고 보고되었습니다. 즉, 입장이 바뀌면서 형성된 정보가 바뀌었고, 첫 번째에는 뇌가 검색할 수 없었던 정보가 검색이 가능해져 해답을 얻을 수 있었다는 것입니다.

책을 다른 시각에서 읽으려면 저자의 메시지를 일방적으로 받는 입장에서 저자와 대등하게 대화하는 시점으로 이미지화해야 합니다. 평소 눈앞에 저자가 있다는 것을 가정하고 읽어 본 적이 없는 분들에게는 조금 낯설 수도 있습니다.

원래 독서를 잘하는 사람이나 독서를 좋아하는 사람 중에는 다른 사람에게 상담하는 것을 싫어하는 사람도 많다고 합니다. 저도 다른 사람과 상담하는 것이 서툴러서 책을 읽는 것으로 저의 고민을 해결합니다.

'고민'이나, '곤란한 것', '해결할 수 없는 것', '말할 수 없는 불안', '실패 또는 성공에 대한 두려움'과 같은 감정이나 고민을 해결하기 위해 저자와 대화해나가고자 독서를 합니다. 바로 자신을 위해서 그 저자와 그 책의 제목을 주제로 대화하면서 해결해나가는 거죠.

### 실험 4. 눈앞에 저자가 있다고 생각해본다

① 눈앞에 자신이 읽고 싶은 책의 저자가 있다고 생각해봅니다.

② 그 저자에게 지금 어려움을 겪고 있는 것을 들을 수 있다면 무엇을 들을지 생각해봅니다.

③ 저자와 대화하고 있는 이미지로 독서를 해봅니다.

※ 이 실험은 지금 당장 하지 않아도 됩니다. 2장에서 이 가설을 검증하겠습니다.


책에 따라서는 강연회나 세미나 등에서 저자를 만나고 있기 때문에 저자와의 대화를 이미지화할 수 있는 경우가 있을지도 모릅니다. 강연회에서 저자에게 질문하면 저자는 당신에 대해 대답해줍니다. 게다가 저자는 자신이 펼치는 주제에 관한 주장뿐만 아니라 자신의 주제 범위에서 당신에게 다가가 당신만을 위한 메시지를 주지 않을까요?

이것은 앞에서 이야기한 내가 원하는 정보를 단시간에 얻고 싶다면 '처음에는 목차를 보지 않는다'와도 연결됩니다. 왜냐하면 목차를 보게 되면 저자와 대등하지 않게 되기 때문입니다.

심리학자 츠츠이 준코(筒井順子) 씨는 공명 리딩을 '책에 끌려가지 않는 독서법'이라고 말하고 있습니다. 저자와 대등하게 그 책의 주제에 대해 생각해볼 수 있는 기법이라고 합니다.

보통 목차를 보고 책을 첫 페이지부터 읽으면 저자의 논리대로 흘러갑니다. 읽는 사람에게 설득당하거나 반발하면서도 결국은 저자의 흐름에 휩쓸려가게 됩니다. 이 일방통행 독서를 양방향으로 해주는 것이 공명 리딩이라고 이야기합니다. 츠츠이 씨는 지금까지 책을 읽느라 고생한 적이 한 번도 없다고 합니다. 그렇기 때문에 이 양방향성에 놀라고 감동했다고 합니다.

공명 리딩에서는 2장에서 이야기하는 공명 맵을 통해 저자와 대화를 나누어갑니다. 그것은 마치 저자가 눈앞에 있고, 당신의 목적에 맞게 메시지를 주는 것과 같습니다. 뛰어난 저자일수록 '내가 어떻게 생각하고, 어떻게 살았는지 알 수 있는, 읽었을 때 나라는 인간의 모든 것을 알 수 있는 작품을 독자의 마음에 남기고' 있습니다.

저자는 자신의 삶을 통해 당신의 고민과 과제를 해결하는 힌트를 전해주는 것입니다. 2장에서는 저자가 눈앞에 있다는 가정을 체감해보겠습니다.

# 독서를 가속화하는 열쇠는 할리우드 각본술

마지막으로 다섯 번째 가설, '이야기의 구조로 읽으면 이해가 빨라진다'에 대해 이야기해보겠습니다.

공명 리딩은 한 장의 종이에 '공명 맵'이라는 것을 그리면서 독서를 합니다. 이 공명 맵에는 '3막의 구조'나 '신화의 법칙'이라는 이야기의 구조를 도입하고 있습니다.

이야기의 구조에는 어떤 장치가 있습니다. '몇 번을 읽어도 울게 되고, 몇 번을 봐도 힘이 나고, 이 작품이 존재하는 한 나는 살아갈 수 있다'라는 감정. 뛰어난 영화나 소설, 만화, 음악은 그러한 감정을 느끼게 해줍니다. 이러한 작품의 이면에는 반드시 이야기의 구조가 숨어 있습니다.

우리는 어렸을 때, 부모님께 전해진 옛날이야기를 통해 이야기의 원형을 알게 모르게 배우고 있습니다. 그리고 인생을 살아가기 위한 스토리를 익히고 있습니다. 이것은 어느 나라에서나 마찬가지입니다. 조부모에서 부모로, 부모에서 자식에게 이야기가 전해지고 있습니다. 구전된 옛날이야기는 신화로 이어지고 있는 것입니다.

신화학자 조지프 캠벨(Joseph Campbell)은 이 신화를 조사했습니다. 그것도 유럽과 같은 특정 지역뿐만 아니라 각국의 신화를 조사함으로써 인간의 심층에 숨겨진 이야기의 틀을 발견한 것입니다. 그 이야기의 틀이 바로, 우리가 이야기에 마음을 설레하거나 때로는 분노하거나 울거나 웃게 만드는 비밀입니다.

〈스타워즈〉, 〈반지의 제왕〉, 〈해리포터〉, 〈악마는 프라다를 입는다〉 등의 유명 할리우드 영화에도 당연히 이 이야기의 틀이 사용되고 있습니다. 그것이 할리우드 영화에 숨겨진 각본술 '히어로즈 저니(Hero's Journey)'입니다.

히어로즈 저니는 캠벨이 만든 것을 할리우드에서 스토리 개발의 일인자 크리스토퍼 보글러(Christopher Vogler)가 각본의 틀로 정리한 것입니다. 간단하게 소개해드리겠습니다.

## 히어로즈 저니의 3막과 12스테이지

### 제1막 – 히어로의 결단

스테이지 1 : 일상 세계

스테이지 2 : 모험으로의 초대

스테이지 3 : 모험을 향한 거절

스테이지 4 : 멘토(현자)와의 만남

### 제2막 – 히어로에 대한 시련과 보상

스테이지 5 : 제 1관문 돌파, 시련

스테이지 6 : 동료, 적대자

스테이지 7 : 가장 위험한 장소 접근

스테이지 8 : 최대 시련

### 제3막 – 행동의 결과

스테이지 9　: 보상

스테이지 10 : 귀로

스테이지 11 : 부활

스테이지 12 : 보물을 가지고 귀환

이렇게 되어 있습니다.

이야기의 구조로 구성된 스토리는 우리의 기억에 깊이 뿌리
박혀 있습니다. 그렇기에 이러한 구조는 우리가 스토리의 등

장인물에게 감정이입을 하게 하고 우리의 심금을 울려 기억에 오래 남습니다.

참고로 앨 고어(Al Gore) 전 미국 부통령을 비롯해 글로벌 규모의 기업 프레젠테이션을 제작하고 있는 것으로 알려진 낸시 두아르테(Nancy Duarte)도 저서《ILLUMINATE》에서 이 히어로즈 저니를 바탕으로 스피치 플롯을 만들고 있다고 합니다.

독서를 할 때 이 이야기의 구조를 머리에 넣어두는 것만으로 다음 전개를 파악하기 쉬워집니다. 하지만 뛰어난 책일수록 3막을 파악하기 어렵게 구성되어 있습니다. 숨겨진 3막의 구성을 부각시켜주는 것이 공명 리딩으로 그리는 3막을 이용한 공명 맵입니다. 3막을 실제로 종이에 그려서 저자가 생각한 책의 흐름을 명확히 합니다. 그 결과, 독서가 가속화되는 것입니다.

# 독서에 혁신을 불러일으킨다, 공명의 다섯 가지 스텝

지금까지 호흡 이야기, 독서의 개념, 그리고 다섯 가지 가설을 통해 독서 속도를 높이는 팁, 기억에 정착시키는 팁에 대해 이야기해봤습니다.

그런데 사실, 이 이야기들은 공명 리딩의 순서로 다섯 가지의 공명 스텝으로 연결되어 있습니다.

### 공명 리딩의 다섯 가지 공명 스텝

스텝 0 : 책을 만지며 자신의 과제를 명확히 합니다.

스텝 1 : 책을 펄럭펄럭하며 정보를 뇌에 다운로드합니다.

스텝 2 : 세 부분으로 나눈 맵에 곡선을 그립니다.

스텝 3 : 곡선의 신경 쓰이는 부분의 페이지에서 단어를 추출합니다.

스텝4 : 신경 쓰이는 단어를 찾아 질문해나가면서 그 페이지를 읽습니다.

스텝5 : 그 책에서 얻은 아이디어를 활용하는 행동 계획을 만듭니다.

즉, 공명 스텝이란 목적을 정하는 것, 호흡을 가다듬는 것, 펄럭펄럭하면서 보는 것, 3막으로 읽는 것, 그리고 마지막으로 책의 에너지를 받아 곡선을 그리는 것입니다. 가장 중요한 것이 이 곡선을 그리는 것입니다. 공명 리딩에서는 먼저, 3막을 그리고 책을 오른손으로 잡고, 왼손으로 그 3막 안에 곡선을 그립니다.

선을 그리는 것은 우리 인류에게 특별한 일입니다. 인류라고 하면 조금 과장된 느낌이 들긴 하지만, 문화인류학의 관점에서도 선이라는 것은 특별합니다.

영국의 문화인류학자 팀 잉골드(Timothy Ingold) 박사는 선은 이야기 그 자체라고 말합니다.

"옛날 여행자는 지도를 만들어 행선지까지 여행을 했습니다. 그리고 그 지도를 바탕으로 술집 등 사람들이 모이는 장소에서 이 여행이 어떤 것이었는지를 이야기했습니다. 이런 일들이 시대와 함께 쌓여 어느덧 우리의 선을 그리는 행위가 이야기를 만드는 스토리라인, 그 자체로 바뀐 것이다."

선을 그리는 것은 인류라는 큰 측면에서뿐만 아니라 우리에게도 중요한 행위입니다. 우리는 어렸을 때 모래밭에서 손가락을 사용해서 선을 그리거나 색연필로 종이에 선을 그리곤 했습니다. 뭔가를 표현하고자 하는 선이 그림이 되어갑니다.

선은 우리에게 어떤 메시지를 줍니다. 동시에 선은 이야기를 대변해줍니다. 다섯 개의 공명 단계를 사용하면서 3막과 곡선을 통해 읽는 것이 공명 리딩입니다.

여기까지 읽어내려가다가 '정말 이렇게 쉬운 방법으로 바꿀 수 있을까?', '귀찮은 훈련 과정을 거치지 않았는데도 괜찮을까?'라고 생각하는 사람도 있을 수 있습니다. 솔직히 믿느냐, 믿지 않느냐, 그리고 과학적이냐, 과학적이지 않으냐 하는 것은 전혀 상관이 없습니다. 왜냐하면, 실행하지 않는 한 언제까지나 현실은 변하지 않기 때문입니다.

그러니까, 당신도 속는 셈 치고 한번 해보지 않겠어요? 종이한 장, 펜 한 개를 준비해서 독서 맵을 그려서 읽기만 하면 됩

니다. 단지 그것만으로 당신의 독서가 바뀌고 인생이 바뀐다
면 어떨까요?

자, 페이지를 넘겨 다음 장에서 곧바로 공명 리딩을 실천해
봅시다.

# 제2장

## 실천!
## 20분 만에 할 수 있는
## '공명 리딩'

# 책을 만지며 자신의 과제를 명확히 한다

지금부터 공명 리딩의 실천 방법에 관해 이야기해보겠습니다. 공명 리딩은 다섯 가지의 단계로 이루어져 있습니다. 이 단계는 독서의 달인이라고 불리는 사람이 무의식적으로 하던 작업을 시스템화하고 있습니다.

지금까지 이야기한 독서 방법에는 책을 만짐으로써 0.1초 만에 끝나는 방법은 물론, 페이지를 펄럭펄럭하며 박진감 있게 넘기는 영사기 같은 방법도 있었습니다. 그러나 그것만으로는 역시 의미를 파악할 수 없습니다. 하지만 한 장의 종이에 '가시화'함으로써 짧은 시간 안에 누구나 쉽게 독서의 달인이 될 수 있습니다.

처음인 분이라도 20~40분 정도면 종이 한 장에 그리는 공명 맵을 완성할 수 있습니다. 그렇습니다. 공명 맵은 독서 지도라고 생각해도 좋을 것입니다.

앞으로 이야기하는 다섯 가지 단계를 수행함으로써 누구나 단시간에 읽고 지식을 창조할 수 있게 됩니다. 그럼 바로 공명 리딩을 단계별로 함께 실행해볼까요?

일단 다음의 준비물을 확인해주세요.

**준비할 것**
- 읽고 싶은 책, 흰 종이(A4 정도의 종이 또는 노트. 이 경우 먼저 종이에 3막을 그립니다).
- 펜(12색의 컬러 펜이 있으면 색을 구분해서 사용할 수 있으므로 추천)

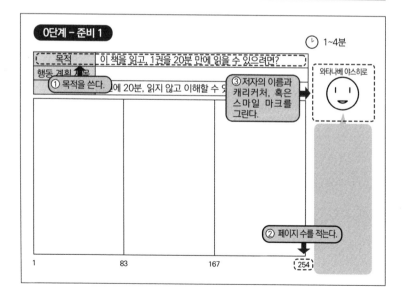

1권에 20분, 읽지 않고 이해할 수 있는 대단한 독서법

그러면 공명 리딩의 준비 단계 '스텝 0'으로 들어가보겠습니다. 책의 제목을 쓰고 나서, 다음 ①부터 ⑥까지 기입합니다.

### ① 목적을 쓴다

먼저 목적을 생각해보겠습니다. 왜 그 책을 골랐는지 책 표지를 보고 생각해봅시다. 쓸 곳은 직접 준비한 종이의 경우, 종이의 맨 위 또는 왼쪽 위입니다. 직접 써볼까요? 대체로 2분 정도면 빠르게 쓸 수 있을 것입니다.

생각이 나지 않는 분들은 목적을 설정할 때 다음과 같이 질문해보세요.

'왜 이 책을 손에 들었을까?'

'저자가 만약 눈앞에 있다면 무엇을 듣고 싶을까?'

'이 책을 읽음으로써 최종적으로 달성하고 싶은 것은 무엇인가?'

'이 책을 읽는 데 얼마나 시간을 들일 가치가 있는가?'

'지금 바로 할 수 있고 효과적인 노하우는 무엇인가?'

'내가 책을 읽는 목적은 ○○○○이다.'

'나는 이 책을 읽음으로써 ○○○○를 할 수 있게 될 것이다.'

'나의 ○○○○의 과제를 해결하기 위해 이 책으로부터 ○○○○

에 관한 힌트를 3가지 얻고 싶다.'

🏅 **원포인트** 어드바이스

이 목적을 만들 때 호흡에 초점을 맞추세요. 미국 스탠퍼드대학교 켈리 맥고
니걸(Kelly McGonigal) 교수는 **호흡은 1분에 대략 4~6회로 하면 심장 박동에
변동이 생겨 뇌가 의지력을 발휘하고 학습하는 데 최적화된다**고 말합니다.
집중하기 위한 호흡은 '후우 하고 입으로 숨을 내쉬고, 그리고 느긋하게 스우
하고 코로 숨을 들이마신다'였지요. 독서를 하기 전에 반드시 느긋하게 호흡
을 합니다.

### ② 페이지 수를 쓴다

다음으로 페이지 번호를 적어보겠습니다. 이제 읽을 책의 '마
지막 페이지 수'를 3막 오른쪽 하단에 넣습니다. 색인 등을 포
함해서 마지막 페이지 번호가 적혀 있는 숫자를 작성하도록 합
시다. 이번에는 왼쪽 하단에 0 또는 첫 페이지인 1이라고 넣어
주세요. 대략적으로도 괜찮습니다. 페이지 번호를 삼등분해서
가운데 2개의 선 아래에는 그 번호를 기재합니다.

### ③ 저자의 이름과 캐리커처 또는 스마일 마크를 그린다

저자의 캐리커처 또는 스마일 마크를 3막 오른쪽 옆 위에 그
립니다. 빠르게 30초 정도에 그려봅니다. 저자의 사진은 책 표
지의 날개 부분에 실려 있는 경우가 많습니다. 그것을 간단하

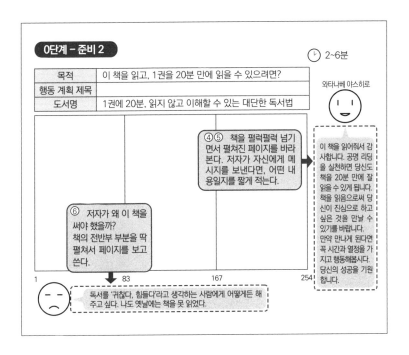

게라도 좋으니까 그려봅니다. 실려 있지 않은 경우에는 동그라미를 치고 눈을 넣은 심플한 스마일 마크를 그리도록 합시다. 3막 오른쪽 옆에 저자의 이름과 스마일 마크를 그리면 그 바로 밑에 대사의 틀을 만듭니다.

### ④ 책을 펄럭펄럭 넘기면서 펼쳐진 페이지를 바라본다

저자로부터 당신의 목적에 대한 메시지를 받기 위해 숨을 느긋하게 쉬면서 두 눈으로 바라보며 책을 넘깁니다. 소리가 날 정도로 빠르게 진행합시다. 펄럭펄럭 넘기다 보면 책의 에너지가 몸 안에 섞여 들어간다는 느낌을 받을 수도 있습니다.

**⑤ 저자가 자신에게 메시지를 보낸다면, 어떤 내용일지 짧게 적는다**

책을 펄럭펄럭 넘겼다면 일단 책을 덮습니다. 이제 저자로부터 메시지를 받겠습니다. 당신의 고민과 과제를 해결하기 위해 저자가 그 책의 제목을 주제로 메시지를 줍니다. 딱 하고 펼쳐서 그 펼쳐진 페이지에서 메시지를 받습니다.

눈에 들어온 한 문장이 저자가 당신에게 보내는 메시지라면 어떤 내용일까요? 어떤 내용이든 상관없습니다. 그 한 문장에서 생각나는 대로 저자로부터의 메시지를 상상해봅시다. 생각난 그 메시지가 베스트입니다. '이런 게 아니다'라고 부정하지 말고 그냥 생각난 것을 3막 오른쪽 옆에 있는 대사 공간에 쓰세요.

**⑥ 저자가 왜 이 책을 써야 했을까?**

여기에서는 저자가 왜 이 책을 써야 했는지 그 이유를 알아보겠습니다. 3막 아래 또는 왼쪽 옆에, 저자의 얼굴 또는 동그란 얼굴에 슬픈 표정을 그려 대사 공간을 만듭니다.

아까와 마찬가지로 책을 펄럭펄럭 넘김으로써 책의 에너지를 감지하고, 책의 전반부 부분을 딱 하고 펼쳐봅니다. 펼쳐진 페이지를 양쪽으로 열어보고, 눈에 들어온 한 문장을 참고해서 저자가 왜 이 책을 써야 했는지 그 이유를 상상으로 써보세요.

여기까지가 '스텝 0' 준비 부분입니다. 좀 더 시간을 짧게 하고 싶은 경우에는 '스텝 0'의 ③, ④, ⑤, ⑥을 생략해도 됩니다. 독서회나 기업연수로 진행할 때는 혼란을 피하기 위해 이 부분을 생략합니다. 왜냐하면 저자의 메시지, 저자가 왜 이 책을 써야 하는지를 써보는 것은 익숙해지기까지 시간이 걸리기 때문입니다.

하지만 저자를 오른쪽과 왼쪽으로 그리는 것이 저자를 이미 지화하기 쉽고, 그 책에 더 친숙하게 다가갈 수 있기에 3~10분 간의 여유 시간이 있다면 이 '스텝 0'의 ③, ④, ⑤, ⑥도 생략하지 말고 도전해보시기 바랍니다.

# 스텝 1
# 책을 펄럭펄럭하며
# 정보를 뇌에 다운로드한다

다음 단계는 책을 펄럭펄럭 넘기면서 정보를 뇌에 다운로드하는 것입니다. 이 넘길 때 중요한 것이 눈의 사용법입니다. 눈의 사용법을 바꿈으로써 책의 정보를 잠재의식 속으로 끌어들일 수 있습니다.

눈의 사용법을 바꾼다고 하면 어려운 것처럼 느껴지지만, 이미 일상에서 당신도 하고 있는 일입니다. 예를 들어 미술관에서 그림을 볼 때, 당신은 어떻게 보나요? 그렇습니다. 그림 전체를 바라보잖아요? 바로 붓 터치나 물감 소재 같은 세부 사항까지 체크하는 사람은 없을 것입니다.

공명 리딩에서도 갑자기 세세한 글씨를 따라가는 것이 아니

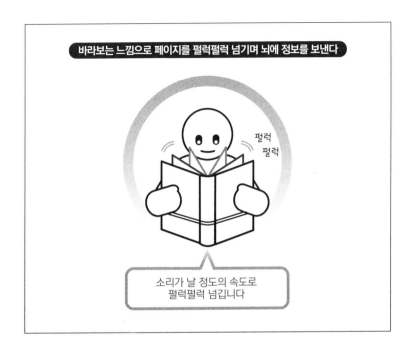

바라보는 느낌으로 페이지를 펄럭펄럭 넘기며 뇌에 정보를 보낸다

펄럭
펄럭

소리가 날 정도의 속도로
펄럭펄럭 넘깁니다

라, 바라보는 느낌으로 페이지를 펄럭펄럭 넘깁니다.

### ① 책을 펄럭펄럭 넘긴다

숨을 천천히 쉬면서 책을 펄럭펄럭 넘깁니다. 이때 두 눈으로 바라보는 느낌이면 좋습니다. 펄럭펄럭 넘기면서 '이 책을 색깔로 나타낸다면 무슨 색일까?'라고 생각해봅니다. 혹시 눈앞에 색상 펜이 있으면 그 색의 펜을 고릅니다.

**원포인트 어드바이스**

책을 펄럭펄럭 넘겨봄으로써 그 책에 친근감이 생기고 익숙해집니다. "펄럭 펄럭하는 순간, 책의 쓰인 내용을 이해할 수 있나요?"라고 묻는다면, 이 시점의 의식상으로는 아직 알 수 없습니다. 하지만 책장을 펄럭펄럭하는 것은 뇌라는 스마트폰에 앱을 설치하는 것과 비슷합니다. 전원이 켜져 있지 않은 스마트폰은 외관상으로는 아무도 거기에 어떤 내용이 들어가 있는지 모릅니다. 이 책을 펄럭이는 것도 마찬가지입니다. 그래서 스마트폰의 전원을 켜고 가지고 온 앱을 작동시킴으로써 액정에 데이터를 비추는 작업이 필요한 것입니다. 그러기 위해 중요한 것은 정보 데이터의 설치를 확실히 완료하는 것입니다. 확실하게 완료하기 위해서는 제대로 그 책의 에너지를 받아 종이에 옮겨야 합니다.

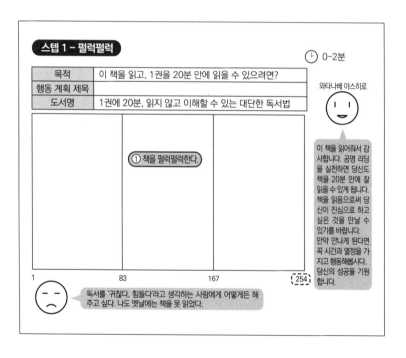

**스텝 1 - 펄럭펄럭**

🕐 0~2분

| 목적 | 이 책을 읽고, 1권을 20분 만에 읽을 수 있으려면? |
|---|---|
| 행동 계획 제목 | |
| 도서명 | 1권에 20분, 읽지 않고 이해할 수 있는 대단한 독서법 |

와타나베 야스히로

① 책을 펄럭펄럭한다.

이 책을 읽어줘서 감사합니다. 공명 리딩을 실천하면 당신도 책을 20분 만에 잘 읽을 수 있게 됩니다. 책을 읽음으로써 당신이 진심으로 하고 싶은 것을 만날 수 있기를 바랍니다. 만약 만나게 된다면 꼭 시간과 열정을 가지고 행동해봅시다. 당신의 성공을 기원합니다.

1    83    167    254

독서를 '귀찮다, 힘들다'라고 생각하는 사람에게 어떻게든 해주고 싶다. 나도 옛날에는 책을 못 읽었다.

# 세 부분으로 나눈 맵에 곡선을 그린다

### ① 선을 그린다

책을 오른손에 쥐고 왼손으로 펜을 잡는다. 책의 에너지를 느끼면서 그 에너지를 왼손으로 받아 3막에 오른쪽 위에서 왼쪽 아래로 산골짜기가 있는 곡선을 그려 책의 에너지를 종이에 옮깁니다.

### ② 신경 쓰이는 부분에 '↑'를 6개 이상 붙인다

다음으로, 이 곡선을 보고 신경 쓰이는 부분 6~8곳 정도에 '↑'를 붙입니다. 한 막에서 2곳 정도에 붙입니다.

### ③ 페이지 수를 기입한다

'↑'를 넣은 부분의 페이지 수를 예측해서 기입합니다. 그

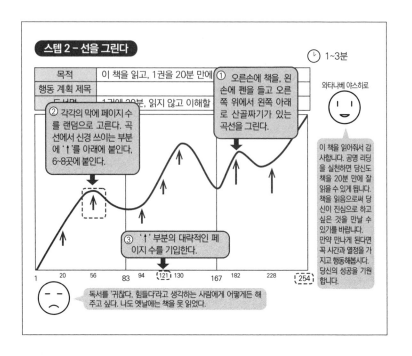

'↑'가 대략 어느 정도의 페이지인지를 생각난 대로 빠르게 써 나갑니다. 페이지 수는 5페이지, 121페이지, 228페이지 등 랜덤으로 써나가도 상관없습니다. 생각난 대로 써보세요.

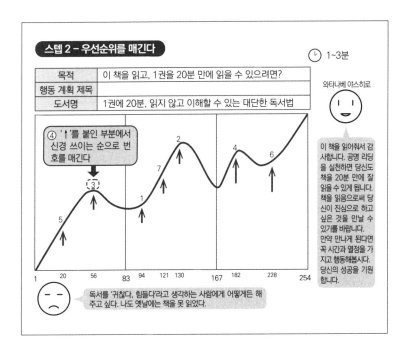

## ④ 우선순위를 매긴다

페이지 수를 썼다면, 이번에는 우선순위를 매겨봅시다. 곡선
과 페이지 수를 보면서 여기에 '여기는 첫 번째려나', '여기는
두 번째!' 하는 식으로 마음으로 느껴지는 대로 우선순위를 매
겨봅시다.

# 곡선의 신경 쓰이는 부분의
# 페이지에서 단어를 추출한다

먼저 페이지를 펴기 전에, 자신이 어떤 목적을 정했는지 공명 맵의 왼쪽 위를 보고 다시 한번 확인해봅시다.

### ① 우선순위 순으로 양면으로 페이지를 바라본다

해당 페이지를 펼쳐서 양면으로 해서 그 페이지를 바라봅니다. 이때, 부디 본문을 읽지 말아주세요. 어디까지나 바라보는 것입니다.

### ② 공명 단어를 발췌해서 맵에 공명 단어를 메모한다

읽지 않고 바라보고 있다가 눈에 들어오는 단어를 맵에 메모합니다. 눈에 들어오는 단어는 저자와 당신의 대화 계기가 되는 말, '공명 단어'입니다. 보다 공명도가 높은 말은 눈에 들어오는 순간, 움찔하거나 등골이 오싹해질 수 있습니다.

　해당 페이지를 둘러본 후, 3~4단어를 뽑아내면 다음 부분으로 넘어갑니다. 그대로 남은 5~6군데의 '↑' 부분도 같은 방법으로 바라보고 단어를 발췌해나갑니다. 공명 단어를 발췌하는 것은 해당 페이지를 열어서 바로 보이는 양쪽 페이지에서만입니다.

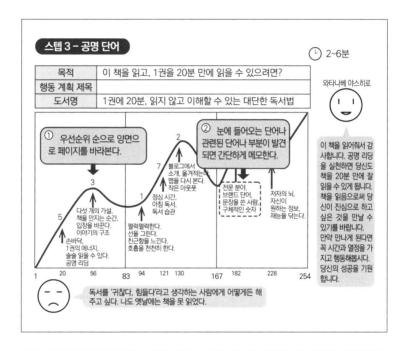

공명 리딩에서는 공명 맵에 차근차근 기재해나감으로써 그 책의 정보를 점점 뇌에 데이터로 축적할 수 있게 되는 것입니다.

# 신경 쓰이는 단어를 찾아
# 질문해나가면서 그 페이지를 읽는다

스텝 4에서는 '부화'와 '8분간 리딩'을 실행합니다.

그 전에 우선 기지개를 켜보죠. 몸을 쭉쭉 뻗고 심호흡을 합니다. 호흡을 느긋하게 2~3회 해봅시다. 그 느긋한 호흡 그대로 다음의 ①부터 해봅시다.

**① 공명 맵을 바라보면서 흥미가 생긴 점, 깨달은 점을 발견한다**

공명 맵을 바라보았다면, 스텝 3에서 쓰기 시작한 공명 단어에 주목해봅시다. 그리고 '저자에게 물어보고 싶은 부분'이나 '흥미가 생긴 부분'을 마음속으로 질문하면서 찾아보세요. 뭔가 그 공명 단어를 보고 깨달은 것이 있다면, 그것을 공명 맵 위에 메모합시다.

공명 맵을 바라보다 보면 균형이 깨진 것처럼 느껴지는 부분이 없나요? 완전하지 않은 부분, 불완전한 정보 등 아직 단어가 그저 나열되어 있을 뿐이지만, '뭔가가 느껴지는 부분', '뭔가 신경 쓰이는 부분'…. 그것이야말로 당신의 새로운 뭔가를 만드는 열쇠입니다.

### ② 8분간 리딩(목적을 달성하기 위해 신경 쓰이는 부분 읽기)

①에서 발견한 '뭔가 신경 쓰인다', '이것은 대체 무슨 의미야?'라고 생각되는 부분을 8분간 읽습니다.

그 후, 공명 맵을 바라보면서 더 읽고 싶은 부분, 흥미가 생기는 부분을 읽어봅시다.

페이지 번호를 신경 쓸 필요는 없습니다. 일단은 좋아하는 독서 방식으로 쭉쭉 읽어나갑시다.

'나중에 읽어야지'가 아니라, 지금 당장 읽어봅시다.

---

**원포인트 어드바이스**

여기서는 목차를 봐도 됩니다. 만약 당신이 이미 속독법 등을 배웠다면, 그 기법을 여기서 사용해도 좋을 것입니다. 비스듬히 읽거나 건너뛰어 읽거나, 한 글자, 한 구절 정성스럽게 읽어가는 방법도 상관없습니다. 깨달은 부분이 있다면 맵에 메모해주세요.

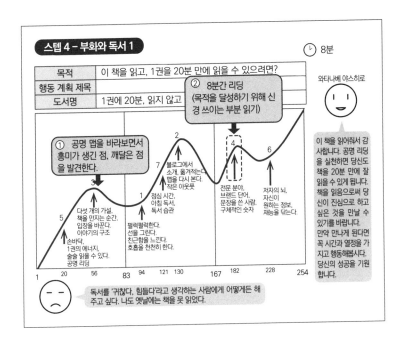

스텝 4 - 부화와 독서 1 ⏱ 8분

| 목적 | 이 책을 읽고, 1권을 20분 만에 읽을 수 있으려면? |
| 행동 계획 제목 | |
| 도서명 | 1권에 20분, 읽지 않고 |

② 8분간 리딩
(목적을 달성하기 위해 신경 쓰이는 부분 읽기)

와타나베 야스히로

① 공명 맵을 바라보면서 흥미가 생긴 점, 깨달은 점을 발견한다.

7 블로그에서 소개, 옮겨적는다. 맵을 다시 본다.
작은 아웃풋

1 점심 시간, 아침 독서, 독서 습관

다섯 개의 가설. 책을 만지는 순간, 입장을 바꾼다. 이야기의 구조
손바닥, 1권의 에너지, 술술 읽을 수 있다. 공명 리딩

펄럭펄럭한다. 선을 그린다. 친근함을 느낀다. 호흡을 천천히 한다.

전문 분야, 브랜드 단어, 문장을 쓴 사람, 구체적인 숫자

저자의 뇌, 자신이 원하는 정보, 재능을 닦는다.

이 책을 읽어주셔서 감사합니다. 공명 리딩을 실천하면 당신도 책을 20분 만에 잘 읽을 수 있게 됩니다. 책을 읽음으로써 당신이 진심으로 하고 싶은 것을 만날 수 있기를 바랍니다. 만약 만나게 된다면 꼭 시간과 열정을 가지고 행동해봅시다. 당신의 성공을 기원합니다.

1  20  56  83  94  121  130  167  182  228  254

독서를 '귀찮다, 힘들다'라고 생각하는 사람에게 어떻게든 해주고 싶다. 나도 옛날에는 책을 못 읽었다.

### ③ 호흡을 가다듬고 5분간 리딩

5분 남은 시점에서, '무엇을 알게 되면 내가 이 책을 읽는 목적을 달성한 것이 될까?'를 생각하면서 읽어봅시다.

**🎗 원포인트 어드바이스**

이제 '부화' 시간으로 접어들었습니다. 부화는 인큐베이트(Incubate), 바로 생산적 휴식의 시간입니다. 부화 시간은 말 그대로, 아이디어라는 알이 부화해가는 시간입니다. 적어도 1~3분 정도 호흡을 가다듬고 부화의 시간을 가져봅시다. 물론 이 단계에서 하룻밤 재워도 됩니다.

저자에게 묻고 싶은 내용이 나타나는 순간, 뇌는 자동 검색 모드에 돌입합니다. 뇌는 시간을 가짐으로써 보다 정확도 높은 검색 상태에 들어갑니다. 단순히 일시적인 답을 찾는 것이 아니라 새로운 발상, 새로운 돌파구를 찾기 위해 뇌는 아이디어를 연결하려고 합니다. 즉, 시간을 가짐으로써 책장을 펄럭펄럭 넘기며 얻은 새로운 정보와 기존의 지식이 결합되는 것을 원활하게 하는 것입니다.

| 목적 | 이 책을 읽고, 1권을 20분 만에 읽을 수 있으려면? |
|---|---|
| 행동 계획 제목 | |
| 도서명 | 1권에 20분, 읽지 않고 이해할 수 있는 대단한 독서법 |

와타나베 야스히로

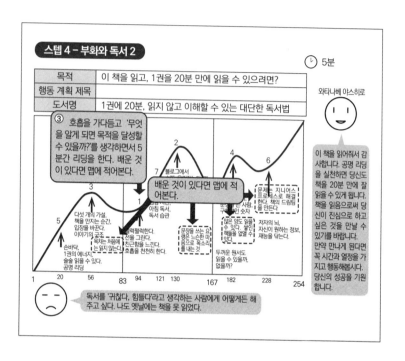

이 책을 읽어줘서 감사합니다. 공명 리딩을 실천하면 당신도 책을 20분 만에 잘 읽을 수 있게 됩니다. 책을 읽음으로써 당신이 진심으로 하고 싶은 것을 만날 수 있기를 바랍니다. 만약 만나게 된다면 꼭 시간과 열정을 가지고 행동해봅시다. 당신의 성공을 기원합니다.

# 그 책에서 얻은 아이디어를 활용하는 행동 계획을 만든다

이제 마지막 단계입니다! 공명 리딩을 끝내기 전에 반드시 다음의 행동 계획을 '지금 당장' 만들어봅시다.

### ① 행동 계획을 만든다

지금부터 3분 정도를 들여서 지금 당신이 읽고 있는 책에서 얻은 느낀 점이나 아이디어를 사용해서 실제로 하고 싶은 행동을 써봅시다. 그 행동은 '일주일 이내', '3개월', '1~3년' 간격으로 생각해서 각각 써나갑니다.

첫 번째 1막의 공간에 '일주일 이내', 두 번째 2막에는 '3개월', 세 번째 3막에는 '1~3년'의 행동 계획을 씁니다.

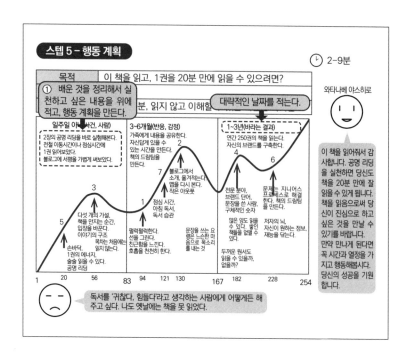

### 🔊 원포인트 어드바이스

여기에서는 공명 맵을 바라보면서 책에서 얻은 아이디어로 행동 계획을 생각해봅니다.

먼저 1막 일주일 이내의 포인트는 새로운 '사건', 또는 '사람을 만날' 계획을 세우는 것에 포커스를 맞춰보세요. 다음 2장 3개월의 포인트는 '자신의 내면'과 마주하는 시간을 가지는 것입니다. 그리고 3막의 1~3년은 지난 일주일 이내의 행동 계획을 어느 하나라도 지속한다면 어떤 미래가 일어날 것인지 실제로 현실에 일어날 것 같은 실현 가능성이 큰 망상을 써봅시다. 또는 3막째는 망상이기 때문에 말도 안 되는 큰 꿈을 쓰는 것도 괜찮습니다.

## ② 제목을 붙인다

마지막으로 행동 계획의 제목을 붙이면 끝입니다.

다음 장의 아웃풋 항목에서 자세히 설명하겠지만, 어쨌든 행동 계획을 세웁시다. 인간은 어떤 훌륭한 제안이라도 뒤로 미루기 쉽습니다. '지금은 바쁘니까', '나중에 하자'라고 생각하게 되는 것입니다.

하지만 지금 '당장' 이 공명 맵에 구체적인 행동 계획을 적는 것이 당신의 일상에 변화를 가져옵니다. 48시간 이내에서 늦어도 3주 이내에 그 행동 계획에 쓴 일이 자동으로 일어나게 되는 것입니다.

어쨌든 지금 당장 행동 계획을 세웁시다.

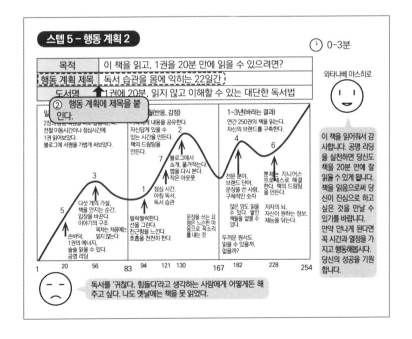

# 공명 리딩
# Q&A

어떤가요? 공명 리딩은 잘되어가나요? 여기에서는 자주 받게 되는 질문을 정리했습니다. 참고해주세요.

**Q** 어느 정도의 권수를 읽으면 공명 리딩의 효과를 실감하거나 이 기법에 익숙해졌다고 느낄 수 있나요?

**A** 빠른 사람의 경우, 1권만 읽어도 달라진다는 보고를 받았습니다. 평균적으로는 2~4권 정도에 변화를 느끼고, 10권 이내에 이 독서법에 익숙해집니다. 10권을 넘어선 순간부터 그 효과를 더욱 실감했다는 보고도 많이 올라오고 있습니다.

**Q** 스텝 3에서 공백 페이지가 나왔습니다. 이럴 때는 어떻게 해야 할까요?

**A** 공백 페이지가 나온 것은 당신과 그 책의 인연이 깊다고 볼 수 있습니다. 확률론으로 봐도 수십 페이지에 한 페이지 정도밖에 공백이 없습니다. 그런데 그 공백 페이지가 나왔다는 것은 그 책이라는 주제에 저자와 이야기할 수 없을 정도의 내용이 있다고 보면 좋을 것 같습니다.

**Q** 스텝 3에서 사진이나 그림만 있는 페이지가 나왔습니다. 이럴 때는 어떻게 해야 할까요?

**A** 글자의 성립을 생각하면 사건을 기록하는 그림이 단순화되어서 글자가 탄생했습니다. 그렇기 때문에 사진이나 그림도 글자와 동일하게 취급해도 좋습니다. 즉, 그 사진이나 그림의 페이지 속에서 눈에 들어온 사진이나 그림, 또는 그 일부를 공명 맵에 글자와 똑같이 그립니다. 물론, 페이지에 사진이나 그림만 있는 것이 아닌, 본문의 일부에 있는 경우도 있습니다. 그 경우도 글자와 마찬가지로 그 사진과 그림이 눈에 들어오는 것 같다면 그것을 공명 맵에 그려주세요.

**Q** 항상 비슷한 모양의 라인이 되는데, 이것은 어떻게 된 일일까요?

**A** 그 책과 당신이 만드는 목적에 따라 라인의 물결이 생깁니다. 즉, 여러 번 비슷한 라인이 나온다는 것은 해결해야 할 과제가 있다는 것입니다. 같은 책이라도 목적을 완전히 다르게 하면 라인의 모양도 평소와 다르게 됩니다.

**Q** 공명 단어에서 굵은 글자나 큰 글자가 눈에 들어옵니다. 그것으로 괜찮나요?

**A** 공명 리딩은 막 시작한 직후에는 비교적 굵은 글자나 큰 글자가 눈에 들어오기 쉽습니다. 물론 굵은 글자나 큰 글자가 눈에 들어온다면 그것을 공명 맵에 옮겨 적어주세요. 굵은 글자나 큰 글자는 저자(또는 제작자)의 의도이기 때문에 굵은 글자나 큰 글자뿐만 아니라 그 주위에 있는 단어나 다른 문장이 눈에 들어오지 않는지 확인해봅시다. 분명 그 밖에도 눈에 띄는 단어가 있을 것입니다.

**Q** 20분 이내에 읽을 수 없습니다. 이 독서법을 하니 더 읽고 싶은 부분이 생겨서 다 읽는 데 시간이 걸립니다.

**A** 긍정적인 부분입니다. 공명 리딩을 배운 사람의 대부분이 경험하는 일입니다. 만약 20분 이상 걸리는 경우에는, '시간이 얼마나 더 있어야 이 책을 읽었다고 말할 수 있을까?'라고 생각해보세요. 아마도 20분의 단계에서 이제 몇 분에서 몇십 분 정도면 충분하다고 생각하지는 않았나요?

지금까지 공명 리딩을 배운 사람의 많은 수가 대체로 추가로 10분 정도만 더 있으면 대부분의 책은 더 이상 읽지 않아도 된다고 이야기하고 있습니다. 또한 이 20분의 단계에서 그 책이 인생을 바꿀 정도로 중요한 것이라고 깨닫게 되는 경우도 있습니다. 이 경우에는 20분이라는 한정된 기준의 시간에 얽매이지 않고 많은 시간을 들여도 좋습니다. 왜냐하면 인생을 바꿀 만한 중요한 책이니까요.

단, 여기서 조심해야 할 것이 있습니다. 예를 들어 앞으로 2시간은 더 들이고 싶은 경우, 공명 리딩에서는 다른 책 5~6권은 읽을 수 있습니다. 같은 분야의 다른 책을 읽음으로써 그 분야에 대해 더 자세히 알 수도 있습니다. 그래서 만약 2시간을 더 들인다면, 우선 1시간 동안 같은 분야의 다른 책 3권을 공명 리딩으로 읽읍시다. 그 후에 다시 원래의 책으로 돌아가서 나머지 시간을 사용한다면, 이해도가 높아지고 시간도 효율적으로 활용할 수 있습니다.

## Q 소설도 공명 리딩으로 읽을 수 있나요?

## A 물론 공명 리딩은 소설에도 대응이 가능한 독서법이므로 소설도 읽을 수 있습니다. 그러나 소설의 독특한 문체를 첫 페이지부터 즐기고 싶은 분들에게는 그다지 추천하지 않습니다.

공명 리딩으로 소설을 읽으면, 저자가 그 소설을 만들 때 생각했던 이야기의 구조가 부각됩니다. 그리고 3막이라는 이야기의 구조와 라인이라는 이야기의 전개가 보이기 때문에 저자가 의도한 바를 알 수 있게 됩니다.

즉, 당신이 소설가가 되고 싶은 경우에는 이 공명 리딩을 시도함으로써 저자와 같은 시점을 얻을 수 있습니다. 그리고 그 소설의 문체를 즐기지 않아도 된다면 공명 리딩을 하는 것만으로 평소보다 빠르고 이해도 높게 이야기의 내용을 파악할 수 있습니다.

## Q 킨들로 읽는 전자책에서도 공명 리딩을 할 수 있나요?

## A 물론 할 수 있습니다. 저는 외서를 읽을 때 킨들로 공명 리딩을 하고 있습니다. 방식이 다른 부분이라면, 킨

들에서는 책장을 펄럭펄럭할 수 없다는 것과 페이지 번호가 없을 때는 몇천이거나 몇만이라는 '위치 번호'가 있다는 것 정도입니다.

책장을 펄럭펄럭하며 넘길 수 없기 때문에 스크롤을 빠르게 넘기거나 페이지를 탭하거나 하면서 페이지를 넘깁니다. 킨들에서는 페이지 번호가 없기 때문에 그 대신 위치 번호를 사용합니다. 위치 번호는 킨들 메뉴의 '위치' 버튼을 사용하면 해당 위치의 페이지를 열 수 있습니다.

**제3장**

---

# 어디서든지 가볍게 읽을 수 있고,
# 내용도 안 잊어버릴 수 있어
# 독서 습관이 몸에 밴다

---

# 전철 안에서 1권을
# 다 읽을 수 있다!

"지금까지 전혀 독서 습관이 없었는데 공명 리딩을 함으로써 독서를 계속할 수 있게 되었다"라는 기쁜 소식을 자주 전해듣습니다. 1권에 한 달이나 걸리던 독서를 종이 1장을 사용함으로써 20~30분 만에 끝낼 수 있기에 약간의 틈새 시간을 이용해 독서를 할 수 있고, 계속 이어질 수 있게 된 것입니다.

- 아침 시간
- 전철에 타고 있는 시간
- 점심 시간
- 다음 미팅까지의 빈 시간

이런 약간의 틈새 시간을 생산적인 시간으로 바꿀 수 있습니다. 저는 회사에 다닐 때, 이런 틈새 시간에 독서를 했습니다. 특히 전철로 이동하는 시간의 독서는 저의 일과였습니다. 요코하마시와 도쿄의 시부야구를 연결하는 도큐 덴엔토시선 안에서 자주 책을 읽었습니다.

전철 안에서 공명 리딩을 시도해보고 싶은 분들에게 추천하는 방법이 있습니다. 전철을 타기 전, 플랫폼에서 기다리는 동안 3막을 씁니다. 3막은 정사각형의 포스트잇을 가지고 다니면서 거기에 씁니다. 아니면 책의 면지에 직접 써도 좋습니다. 3막을 쓴 포스트잇과는 다른 또 다른 포스트잇에 목적을 씁니다. 그리고 나서 책장을 펄럭펄럭해서 곡선을 그리고 페이지 번호를 골라내기만 하면 됩니다.

전철에 올라타면 골라낸 그 페이지를 열고 평소처럼 바라보면서 신경 쓰이는 부분을 읽어나갑니다.
이런 과정을 통해 전철을 타고 오가는 20분 정도만 있으면 대체로 1권의 책을 다 읽을 수 있습니다.

# 점심 시간을 활용한 독서로 연간 250권!

전철 이동 시간에 이어서 활용하고 싶은 시간은 점심 시간입니다. 점심 시간은 약간의 자유 시간입니다. 책을 읽는 것이 습관화되면 식욕이 아닌, 지적 욕구를 충족하는 시간으로 바뀝니다. '오늘은 이탈리안, 중식, 일식, 프렌치… 무엇을 먹을까?'에 '어디에서'가 더해집니다. 차분한 분위기, 햇빛이 들어오는 테라스, 경치를 볼 수 있는 큰 창문이 있는 고층 매장 등 독서를 집중적으로 할 수 있는 장소가 선택지에 추가됩니다.

점심 시간에도 공명 리딩의 통상적인 스텝으로 20분 만에 1권을 읽을 수 있습니다. 이제 점심 시간을 활용해서 독서 습관이 몸에 배게 한 사례를 알아보겠습니다.

시스템 엔지니어인 타나야 모토키 씨는 내내 독서를 습관화하고 싶다고 생각했습니다. 그래서 속독 강좌를 듣기도 했지만, 좀처럼 습관화할 수 없었다고 합니다. 하지만 공명 리딩 강좌를 수강한 이후 점심 시간을 활용해서 독서를 습관화할 수 있었다고 합니다.

매일 회사 점심 시간에 20분간 공명 리딩을 계속 한 결과, 무려 1년 만에 250권의 책을 읽을 수 있었다고 합니다. 그리고 지금까지의 분야에 더해 새로운 분야도 읽을 수 있게 되어 부하나 동료들과 책의 내용을 공유할 수 있게 되었다고 합니다.

점심 시간에 공명 리딩을 하는 요령은 다음과 같습니다.

- **혼자만의 시간을 만든다.**
- **독서할 때의 음악을 정한다.**
- **노이즈 캔슬링 이어폰을 준비한다.**
- **마음에 드는 노트나, 포스트잇을 준비한다.**

동료와 함께 먹는 점심도 즐겁지만, 역시 독서를 할 때는 혼자만의 점심 시간을 만듭시다. 틈새 시간에 더욱 집중하기 위해 독서용 음악을 틀어두고 하는 것을 추천합니다. 이때 음악

1권에 20분, 읽지 않고 이해할 수 있는 대단한 독서법

은 릴렉제이션(Relaxation) 계열의 음악으로, 바다의 잔물결과 강물의 흐름 등 자연의 소리가 들어간 것을 추천합니다. 그런 음악은 보통의 음악보다 이어폰을 끼고 있어도 밖의 소리가 더 잘 전달됩니다.

 더 집중하고 싶은 사람은 노이즈 캔슬링 이어폰이나 헤드폰을 추천합니다. 특히 BOSE의 콰이어트 컴포트 20 어쿠스틱 노이즈 캔슬링 헤드폰은 가볍고 노이즈 캔슬링 강도가 높아 추천합니다.

# 당신의 아침 독서가 아이들에게도
# 독서 습관을 만든다

점심 시간에 이어서 활용하고 싶은 시간, 바로 아침 출근 전 30분입니다. 아침 출근 전에는 집 안을 정리하고 빨래를 널고 와이셔츠를 다리고 아침밥을 만들어야 하는 등 해야 할 일이 굉장히 많습니다. 하지만 조금 일찍 일어나서 아침 독서를 하면 이런 좋은 점들이 있습니다. 다음의 예를 봐주세요.

오사카에 사는 무라카미 히데노리 씨는 아침 출근 전에 30분 정도 시간을 내서 책 1권을 공명 리딩을 합니다. 아침의 장점은 머리가 맑다는 것입니다. 그렇기에 이동 중의 독서 스피드가 가속화된다고 합니다.

노트에 그린 맵을 사진으로 찍어 에버노트(Evernote)에 보

1권에 20분, 읽지 않고 이해할 수 있는 대단한 독서법

관합니다. 여기에 자신만의 한 문장을 추가합니다. 더 읽고 싶은 책이나 논리 전개를 이해하고 싶은 책은 통근 전철의 30분 동안 노트의 이미지를 다시 보면서 필요한 부분을 읽고 있다고 합니다.

이러한 아침 습관이 일의 변화로 이어지고 있다고 합니다. 무라카미 씨는 회사 내에 비즈니스 서적의 독서 리뷰를 공개하는 SNS를 시작해 간단한 리뷰를 투고하게 되었습니다. 게다가 사내 프레젠테이션을 할 때, 자신만의 시점이나 아이디어를 만들 수 있게 되었다고 합니다.

무엇보다 아침에 독서를 함으로써 생긴 좋은 점은 기상한 아이들이 "아빠, 아침부터 공부 열심히 하시네요"라고 말해주는 데 있다고 합니다. 자신이 노력하고 있는 자세가 조금이라도 아이들에게 전해졌으면 좋겠다는 마음에서 아침 독서 습관이 계속 이어지고 있다고 합니다.

부모의 공부하는 모습은 아이에게 큰 영향을 줍니다.

2009년 재단법인 출판문화산업진흥재단이 발표한 '현대인 독서 실태 조사'에 따르면, 부모가 독서를 할수록 자녀들은 독서를 좋아하는 경향이 있다고 합니다. 독서를 잘하지 않는 가정에서 자란 아이보다 독서를 하는 가정에서 자란 아이가 독서를 좋아하는 경향이 20%나 높다고 합니다. 또한 이 조사에 의하면, 가정에 자신만의 책장이 있는 아이는 독서를 좋아하는 경향이 있다는 것으로 나타났습니다.

당신이 독서를 하는 것은 결코 당신을 위해서만이 아닙니다. 당신의 그 모습이 주변에 영향을 주고 있습니다. 당신은 어쩌면 아직 독서를 잘하지 못할지도 모릅니다. 하지만 독서를 잘하지 못하더라도 당신이 독서를 하는 모습이 아이들을 독서를 좋아하게 만드는 계기를 마련하는 것이 됩니다. 서툴러도 좋으니 우선 아이 앞에서 독서를 해보지 않겠습니까?

실제로 부모가 공명 리딩으로 책을 읽는 습관이 생기자 아이도 책을 읽게 되었다는 보고가 있습니다.

앞에서 이야기한 점심 시간을 활용하며 공명 리딩을 한 타나야 씨도 지금은 자녀와 한 달에 몇 권 읽었는지 경쟁하고 있다고 합니다. 왠지 미소가 지어집니다.

# 읽은 것을 잊어버리지 않으려면 어떻게 해야 할까?

좋은 책을 다 읽은 후의 성취감을 느껴본 적이 있으시지요? 그 후 설레는 마음에 '좋아! 내일부터 바로 하자'라고 생각했지만 얼마 지나지 않아 '책을 다 읽었는데 내용이 기억나지 않는다', '뭔가를 배웠을 텐데 아무것도 기억나지 않는다' 이런 생각이 든 적은 없으신가요?

독서한 내용을 잊지 않고 정착시키기 위해서는 아웃풋이 중요합니다. 사실 공명 리딩은 단지 인풋을 하는 것뿐만 아니라 동시에 아주 작지만 아웃풋을 실시하고 있는 독서법입니다. 그래서 공명 맵을 그냥 보기만 해도 읽은 것이 되살아나고 당신의 다음 행동에 대한 힌트가 보입니다.

예시를 소개해드리겠습니다. 가나자와에서 '역활(歷活)'이라는 역사 모임을 주재하고 있는 안도 류 씨. 안도 씨는 이 공명 리딩을 배우면서 매주 새로운 주제로 말하기 위한 준비가 쉬워졌다고 합니다. 지금까지 준비했던 시간의 무려 절반의 시간으로 끝낼 수 있게 되었다고 합니다.

공명 리딩은 단지 인풋을 하는 것뿐만 아니라, 아웃풋을 할 수 있는 것이 매력이라고 말하는 안도 씨. 공명 리딩에서 얻은 지식을 바탕으로 행동한 결과, 대형 유통 회사의 매니저라는 직업을 그만두고 독립해서 '역활'을 라이프워크로 삼아 이를 지역 신문에서도 다루게 되었다고 합니다.

이처럼 공명 리딩을 배우고 독서에서 얻은 지식을 실천함으로써 삶이 달라진 여러 가지 사례가 있습니다. 이제 구체적인 사례를 함께 나누면서 공명 리딩 실천 후의 아웃풋 방법에 관해 이야기해보려고 합니다.

# 작은 아웃풋만으로도
# 이제 잊어버리지 않는다!

인풋을 한 것만으로 끝나는 독서보다 조금이라도 아웃풋을 한 독서가 기억에 남습니다. 아웃풋은 아주 작은 것으로도 좋습니다. 아주 작은 아웃풋을 하는 것만으로 뇌에 자신의 존재감을 강하게 남깁니다.

읽은 내용을 잊지 않기 위해 아웃풋을 할 때 굉장히 중요한 것이 있습니다. 바로 '가벼운 마음'입니다. 독서는 횟수를 거듭할수록 여유를 가지고 힘을 빼는 자세로 있는 편이 잊기 어려워집니다.

'기억하고 싶다', '잊지 않도록 해야 한다', '상사나 친구가 내용에 대해 물어보면 곤란하다' 등 과도한 압박이나 스트레스가 마음의 여유를 잃게 합니다. 그렇게 되면 학습 능력이 단번에 저하됩니다.

뇌에는 안전성이나 생리적 욕구에 크게 영향을 받는 곳이 있습니다. 앞서 예시한 과도한 압박을 받으면 바로 수축되어 활동하지 않게 됩니다.

그러므로 '실패해도 어떻게든 될 것 같아', '괜찮아, 분명 잘될 거야!', '뭔가 좋은 느낌이 든다'와 같이 마음에 느슨함을 가져오는 아주 작은 여유가 있다면, 뇌는 '안전하다', '살 수 있다'라고 느끼고, 본래의 활동적인 상태가 됩니다.

중요한 것은 아웃풋할 때 힘이 빠지는 정도를 아는 것입니다. 이런 작은 일이라도 해보면 달라진다는 것을 실감하는 것이 중요합니다. 그것만으로도 독서를 더욱 자유자재로 즐길 수 있습니다.

지금까지 공명 리딩을 수강하신 분들은 이런 작은 아웃풋부터 시작하고 있습니다.

- 누군가에게 책의 내용을 이야기해보기
- 사진으로 표지와 맵을 찍어 SNS에서 한마디 적기
- 작가에게 감상을 적어 보내보기
- 책을 블로그에서 간단히 소개하기
- 그려둔 공명 맵을 다시 한번 보기
- 궁금한 부분을 옮겨적기
- 책에 써 있던 것을 바로 실천해보기
- 책장을 펄럭펄럭 넘긴 후, 평소보다 일찍 자기

이렇게 작은 아웃풋이면 됩니다. 이것만으로 일상에 변화가 생깁니다. 작은 아웃풋에 다른 사람으로부터 약간의 피드백을 받을 수 있다면 더 좋을 것입니다. 아웃풋하고 나서 피드백을 받으면 뇌의 '사회성'이나 '승인 욕구'와 연결된 부위가 활성화됩니다. 그러면 기억을 처리하고 장기적으로 저장해주는 '해마'나 감정을 맡는 '편도핵'의 활동이 활발해집니다. 그렇기 때문에 기억에 남기 쉬워지는 것입니다.

다음 장에서는 몇 가지 작은 행동을 한 결과, 변화가 있었던 예를 소개하겠습니다.

# 왜 공명 맵을 다시 보는 것만으로 순식간에 생각해낼 수 있을까?

'독서를 마친 후 제대로 외우고 싶은 사람', '기억하고 싶은 사람'에게 추천할 만한 것이 바로, 자신이 그린 공명 맵을 다시 보는 것입니다.

중소기업 진단사 오카다 아키호 씨는 공명 리딩을 실시함으로써 읽는 시간이 압도적으로 짧아졌다고 합니다. 그뿐만 아니라 내용을 이해하는 힘도 압도적으로 늘었다고 합니다.

무엇보다 읽었을 때의 프로세스가 공명 맵에 남아 있는 것이 좋았다고 합니다. 그 이유는 공명 맵을 다시 보는 것만으로도 그 책의 내용을 쉽게 되돌아볼 수 있고, 그 책에서 배운 것이 깊이 새겨지기 때문입니다. 이제 그녀는 예전의 독서법은 활용할 수 없게 되었다고 합니다.

〈뉴욕 타임스〉의 리포터 베네딕트 캐리(Benedict Carey)가 쓴 《뇌가 인정하는 공부법》에 따르면, 학습을 기억에 남도록 하는 데는 다음과 같은 특징이 있다고 합니다.

- **'분산 학습'을 할 것. 벼락치기를 하지 않고, 몇 번에 나누어 배운다.**
- **'접근법을 바꾸어 학습'한다. 반복 학습은 NG다. 이런저런 다양한 방법으로 변화를 주는 학습을 한다.**
- **기억하고 싶다면, '강한 단서'를 남긴다.**

공명 리딩은 바로 이런 것들을 충족하는 독서법이자 학습법입니다. 공명 리딩의 각 스텝을 통해 '분산 학습'을 하고 있습니다. 저자의 입장, 라인 등 접근법을 바꿔서 읽고 있습니다. 공명 맵이라는 '강한 단서'가 남아 있기 때문에 그것을 다시 보는 것만으로, 읽었을 때의 기분으로 이루어진 기억을 떠올릴 수 있습니다.

특히 그 책의 내용을 제대로 기억하고 싶을 때는, 우선 공명 리딩을 한 공명 맵을 봅시다. 핸드폰으로 맵을 찍어두면 언제든지 그 맵을 다시 볼 수 있습니다.

# 기억에 정착되는 것뿐만이 아니다! 다른 사람에게 감상을 말하는 것의 대단한 효과

　제가 독서를 계속하게 된 계기가 된 것은 친구와의 대화입니다. 다니던 대학교에서 집으로 돌아오려면 시부야역에서 전철을 타야 합니다. 학교에서 시부야역까지 걸어서 오는 10분 동안 친구에게 그날 읽은 책의 내용을 이야기하기 시작한 것이 어느새 매일 책을 읽는 습관으로 이어졌습니다.

　처음에는 조금 용기가 필요합니다. 낯간지럽다고도 생각했지만, 다행히 친구도 그 대화의 내용을 즐거워했습니다. '책을 읽고 누군가와 공유할 수 있다'라는 이 작은 성공 체험이 저를 독서를 싫어하던 것에서 좋아하고 잘하는 것으로 바꾸어준 것입니다.

그리고 이 아주 작은 대화가 고조되어 어느새 배움의 장으로 발전했습니다. 처음에는 혼자였던 것이 두 명, 세 명으로 늘어나 동아리가 생기고 스터디 그룹이 생겼습니다. 게다가 이 스터디 그룹에서는 하나둘 전과 합격자나 장학금을 받는 사람이 나왔습니다. 이 성공 체험의 연쇄가 사회인이 되어서도 제 마음에 오래 남아 배움의 장을 계속 만들어나가고 싶다는 마음으로 연결되었습니다.

책을 읽으면 반드시 누군가에게 이야기하는 것이 기억을 정착시키는 요령입니다. 그리고 그 내용에 한마디라도 좋으니 질문이나 피드백을 받아보세요. 이런 작은 한 걸음, 한 걸음이 당신의 인생을 바꿔줍니다.

'진짜 그것만으로도 바뀐다고?'라고 생각할지도 모릅니다. 예시를 소개해드리겠습니다. 지방 출판사에서 기획 영업부 부장으로 근무 중인 야마카와 유키 씨는 공명 리딩을 수강하면서 부인과의 대화가 극적으로 바뀌었다고 합니다.

예전에는 책을 읽어도 책의 내용이 생각나지 않거나 잘 전달되지 않았다고 합니다. 하지만 수강 후에는 부인에게 평소에는 잘 나오지 않던 설명을 술술 할 수 있게 되었다고 합니다. 게다가 아내가 고민하는 것에 대한 대답 역시 할 수 있게 되었다는 것을 깨달았다고 합니다.

지금까지는 자신만의 독서였던 것이 다른 사람을 위해 읽는다는 관점이 더해졌기 때문에 원하는 대답으로 이어지는 글을 만나는 경우가 많아졌다는 것입니다. 또한 그동안 읽어보고 싶었지만, 쉽게 접할 수 없었던 뇌과학이나 인지과학 등의 책에도 도전하게 되면서 독서의 폭이 넓어졌다고 합니다. 이제는 일과 직접 관련이 없는 책에서도 일과 삶의 힌트를 얻게 되면서 독서뿐만 아니라 일과 삶의 폭도 넓어졌다고 합니다.

자신만의 독서가 아닌 누군가를 위해 읽으며, 그 내용을 다른 사람들과 공유하는 관점이 당신의 독서 폭과 삶의 폭을 넓히는 데 도움이 됩니다. 게다가 독서 습관이 몸에 배어 매년 100권 이상 책을 읽을 수 있게 되면, 상대방의 고민을 듣고 어떤 책이 그 사람의 상황에 맞아떨어졌을 때 그 책의 내용을 순식간에 떠올릴 수 있게 됩니다. 왜냐하면 자신을 위해서뿐만 아니라 누군가에게 도움이 되지 않을까 하는 관점에서 읽고 있기 때문입니다.

공명 리딩을 하다 보면 '이 책의 내용은 누구에게 전달하면 가장 기뻐할까?'라는 생각을 하게 되고, 전하고 싶은 사람의 얼굴이 떠오릅니다. 자신과는 다른 상대를 생각함으로써 뇌는 그것을 중요한 것으로 기억합니다.

즉, 뇌에 딱 박히는 것입니다. '이 항목을 기억해두지 않으면 안 된다', '이 저자의 논점을 확실하게 한 글자, 한 글자 기억해야 한다'라고 인식하지 않고도 자연스럽게 내용을 기억할 수 있게 되는 것입니다.

당신이 오늘 읽은 책의 내용은 누구에게 전달해야 할까요? 아내나 남편? 친한 친구? 형제·자매? 부모님? 동료? 부하·상사? 그 상대를 떠올리고 공명 맵을 봅시다. 맵을 바라보고 3분 정도로 이야기한다면, 어떤 내용이 될지 잠시 생각해보세요. 그리고 지금 바로 그 상대방에게 메시지를 보내봅시다.

# 공유할 때는
# 자신의 감동 포인트부터 전달한다

　상대방에게 전해질 수 있는 이야기를 하는 포인트를 전해드리겠습니다. 말하는 포인트는 서평을 쓰는 것과 비슷합니다. 독서에 관해 이야기할 때 꼭 해야 중요 포인트는 세 가지입니다.

- **저자의 이름, 제목**
- **저자의 논점**
- **자신이 감동한 부분**

　이 세 가지 사항이 들어가면, 대략 3분 정도로 상대방에게 1권의 책을 소개할 수 있게 됩니다. 그러나 다른 사람에게 말을 하는 것을 어려워하는 사람이 많은 것 같습니다.

다음의 포인트를 생각하며 이야기해봅시다.

우선 스텝 1을 한 후, 익숙해지면 스텝 2를 의식해서 최종적으로는 스텝 3까지 하는 것을 추천합니다.

### 상대방에게 전해질 수 있는 이야기를 하기 위한 3단계 스텝

**스텝 1** 책을 읽고 자신이 감동한 부분부터 이야기한다.

**스텝 2** 상대방이 알게 되면 '이득이 된다', '고민이 해결되는 힌트가 된다'라는 것을 전한다

**스텝 3** 상대방의 고민이나 과제를 '책을 통해 해결할 수 있지 않을까?' 또는 '해결의 힌트가 되지 않을까'라고 생각하면서 전한다.

'그것뿐이야?'라고 생각할 수도 있지만, 우선은 이 포인트부터 상대방에게 전해봅시다.

# '좋아요'를 많이 받는
# SNS 서평도 술술 써나갈 수 있다

독서를 하게 되면 '블로그나 트위터 등 SNS에 소개하고 싶다'라고 생각하는 분들도 많을 것입니다.

공명 리딩을 통해 문장을 원활하게 쓰게 된 사례를 소개하겠습니다. 오사카를 중심으로 전국에서 블로그나 웹라이팅 강좌를 개최하고, 엄지 시프트의 Orz 레이아웃 개발자로 유명한 다이토 노부히토 씨는 공명 리딩으로 책을 읽으면 지금까지와는 전혀 다른 감각으로 서평을 쓸 수 있다고 말합니다.

그동안 일방적이었던 독서가 공명 리딩을 함으로써 저자에게 의문이나 질문을 직접 던지는 감각이 생기게 되는 것입니다. 마치 책과 대화하는 듯한 체험을 하게 되어 일반적인 독서보다 짧은 시간에 끝낼 수 있어 이해가 빠르다고 합니다.

그것도 그냥 외우는 것이 아니라 이해를 바탕으로 하고 있기 때문에 뇌에 더 잘 정착하게 되었다고 합니다. 게다가 종이 한 장의 아웃풋도 동시에 진행되어 서평 초안이 완성되기 때문에 서평을 쓰는 것도 편해졌다고 합니다.

다이토 씨는 뇌 속에 유기적으로 지식이 구축되어가는 것 같은 느낌이 든다고 말합니다. 블로그에서 책을 소개할 때, 블로그 독자와 책을 쓴 저자를 연결하는 이야기로 완성이 되어, 블로그 독자들의 반응도 이전보다 좋아졌다고 합니다.

서평을 쓸 때 가장 중요한 것은 '초안'입니다. 초안이 있으면 나중에 그 초안에 붙이기만 하면 서평이 완성되기 때문에 마음이 편합니다. 우리는 뭔가를 만들 때 미완성이라도 참고할 만한 것이 있으면, 나중에 그 행동을 계속하기 쉬운 성질을 가지고 있습니다. 또한 쓰는 행동을 통해 자신을 표현하는 것은 우리의 숨은 재능을 발휘하게 한다는 조사 결과도 있습니다.

1920년대 연구자 캐서린 콕번(Catharine Trotter Cockburn)은 역사상 천재들 300명을 조사했습니다. 그 결과, 천재들은 공통적으로 친구나 가족에게 보내는 편지에 자신의 생각을 강력하게 말하는 경향이 있었다는 것을 발견했습니다.

자기 생각이나 경험, 느낀 것을 블로그에 쓰거나 일기로 남기는 습관을 지닌 사람은, 불과 1%가 안 된다고 합니다. 물론 자신이 쓴 것을 공개하는 것이 내키지 않는 사람은 누군가에게 공개할 필요가 없습니다. 그냥 쓰는 것만으로도 괜찮습니다. 쓰고 나서 자신이 생각했을 때 괜찮은 것만 공개해도 상관없습니다.

공명 리딩을 한 후, 뭔가 쓰고 싶은 기분이 든다면 우선은 자신을 '초보'라고 생각하며 써봅시다.

1권에 20분, 읽지 않고 이해할 수 있는 대단한 독서법

# 많은 사람에게 닿을 수 있는 서평의 포인트는 느슨한 마음

'글을 쓰는 것은 스트레스야', '처음부터 완전히 완성된 것을 쓰지 않으면 안 돼'라고 생각하는 분들도 있을지도 모릅니다.

잠깐 자랑 한번 해보자면, 이래 봬도 저는 단 한 번의 메일로 1,000만 엔의 매출을 올린 적도 있고, 정원 200명의 고액 세미나를 만석으로 채운 적도 있습니다.

문상 테크닉이나 문장력을 높이는 방법은 여러 가지가 있지만, 최근 2년 정도는 '문장은 느슨한 정도가 딱 좋다'라고 생각하고 있습니다. 느슨하게 쓴 서평이 더 많은 사람에게 '좋아요'를 받을 수 있습니다.

여기서 저의 느슨한 서평 작성법을 알려드리겠습니다.

### ① 우선은 직설적으로 느슨하게 초안을 써본다

초안을 작성할 때는 독서 후 바로 공명 리딩을 한 맵 위에 직접 씁니다. 생각해낸 모든 것을 직설적이고 느슨하게 쓰는 것이 포인트입니다. 여기서 말하는 느슨함이란 문법, 한자 등의 정확성을 신경 쓰지 않는 것을 말합니다. 어쨌든 마음 가는 대로 손이 멈출 때까지 쓰는 것이 중요합니다.

또한 초안을 작성하는 장소도 중요합니다. 저는 스타벅스 같은, 커피 향이 풍부하고 조명이 조금 어두운 곳에서 쓰는 것을 좋아합니다. 가장 중요한 것은 책상과 의자의 높이입니다. 딱 좋은 것은 대략 1m 정도 높이의 책상입니다.

### ② 서평을 쓸 때는 전하고 싶은 지인을 상정한다

서평을 쓸 때는 막연한 누군가에게 전달하려고 하는 것이 아니라, 구체적인 인물을 정해서 쓰는 것이 비결입니다. 그 구체적인 대상을 향해 조금만 그 인물의 속사정을 흐리면서 쓰는 것이 포인트입니다. 마케팅 관련 일을 한 사람이라면 익히 알고 계실 '페르소나'입니다. 잘 팔리는 상품에는 고객 타깃팅이 명확하게 되어 있는 경우가 있습니다.

예를 들면, 전국에 50개 이상의 점포를 가진 '수프스톡도쿄

(Soup Stock Tokyo)'는 어떤 특정의 고객을 설정해 서비스를 시작해서 성공했습니다. 수프스톡도쿄는 다음과 같은 페르소나를 만들었습니다.

'아키노 츠유. 37세의 여성. 도심에서 일하는 커리어 우먼. 독신이거나 맞벌이를 하고 있어 경제적으로 여유가 있다. 사교적인 성격으로 장식성보다 기능성을 중시한다. 거위 간 요리보다는 소·돼지·닭의 간을 좋아한다. 수영장에서는 갑자기 크롤로 헤엄친다. 이 아키노 씨는 어떤 가게 분위기를 좋아할까? 메뉴는? 가격대는?'

이렇게 해서 완성된 것이 30~40대 여성층에 사랑받는 수프스톡도쿄입니다.

서평도 마찬가지입니다. 특정 고객을 대상으로 생각하는 것이 결과적으로 많은 사람에게 도달하는 문장이 됩니다. 사실, 저는 공명 리딩으로 책을 읽고 있을 때부터 왠지 저자가 전달하고 싶은 고객층의 얼굴이 떠오릅니다. 그러다가 문득 명확하게 제 지인의 얼굴을 떠올리며 '아, 이 사람 이런 일로 곤란했구나'라는 생각이 들게 됩니다.

### ③ 느슨하게 정리해나간다

구체적인 인물이 떠오르면 아까 직설적으로 쓴 글을 그 사람에게 맞게 느슨하게 정리해봅니다. 그 인물은 '어떤 일로 곤란해하고 있는가?', '그 사람이 이 책을 읽고 해결되는 것은?', '읽고 재미있다고 느끼는 것은?' 이 세 가지를 생각하면서 정리해나갑니다.

여기는 힘을 빼야 하는 부분입니다. 힘을 빼고 상대를 상정하면서 정리하면 비록 그때의 컨디션이 나쁘더라도 단순히 자기 안에서만 끝나는 문장이 되지 않습니다. 서평의 대부분은 자신의 감상으로 끝나게 됩니다. 하지만 특정 상대를 상정해서 써나감으로써 읽는 사람에게는 마치 자신에게 말을 걸어주는 것처럼 느껴지는 것입니다.

힘을 빼는 것은 마법의 문장 기술입니다. 왜냐하면 글을 쓰기 시작하는 것 자체보다 글을 며칠씩 쓰는 것이 더 어렵기 때문입니다. 그러기 위해서 힘을 빼고 자신의 마음에 대한 장벽을 낮춰서 쓰는 것이 중요합니다.

### ④ 마지막으로 문체에 자신다움을 넣어 소리 내어 읽어본다

조금 힘을 뺀 느낌이 자신다운 문체가 되어 보다 많은 사람

1권에 20분, 읽지 않고 이해할 수 있는 대단한 독서법

들이 읽게 될 수 있습니다. 반대로 힘을 빼지 않고 쓴 서평은 오히려 의지만 가득 차서 제멋대로인 느낌이 들어 중요한 것이 전달되지 않는 일이 자주 있습니다.

또한 무엇보다 소리 내어 읽어보는 것이 중요합니다. 소리를 내면 뜻밖의 실수를 발견할 수 있습니다.

문장은 느슨해도 괜찮습니다. 우선 초안을 직설적으로 느슨하게 쓰기 시작하며 소리를 내보고, 거기서부터 다듬어갑시다.

이 느슨한 서평을 쓰는 방법은 일반 문장에도 사용할 수 있습니다. 액세서리 회사를 경영하는 제 지인은 이 방법으로 무려 월 매출이 두 배로 늘었다고 합니다. 느슨한 마음가짐은 굉장히 중요합니다.

# 성공하는 사람이
# 책을 읽은 후에 하는 두 가지 일

독서는 인생을 바꿔줍니다. 그것은 어둠의 세계를 걸어가는 와중에 한 줄기 빛이 비치더니 한순간에 길을 밝게 비춰주는 그런 느낌입니다.

프롤로그에서도 말씀드렸지만, 제 인생은 많이 바뀌었습니다. 저는 저뿐만 아니라 많은 분이 인생을 바꿔나가는 것을 목격하고 있습니다. 하지만 독서를 하고 노하우를 배웠음에도 성공하지 못하는 사람들이 많은 것도 사실입니다. 노하우를 배우면 조금은 희망적일 수 있습니다. 하지만 실제로 성공하거나 인생을 바꾸려면 독서만으로는 안 됩니다. 행동해야 합니다.

'성공했으면 좋겠다', '잘됐으면 좋겠다'라는 마음은 누구나 갖고 있습니다. 그저 '성공했으면 좋겠다'로 끝나는 것이 아니라, 그 마음을 어떻게 '성공을 향해 행동한다'라는 것으로 연결할 수 있느냐가 중요합니다. 행동하는 것은 현실에 뭔가를 형태로 남기는 것입니다.

작아도 좋으니까 먼저 행동하는 것이 중요한 것입니다. 유명한 성공철학의 원조 중 한 명인 나폴레온 힐(Napoleon Hill)도 바로 결단을 내리고 행동한 것으로 알려져 있습니다. 그는 철강왕 앤드루 카네기(Andrew Carnegie)로부터 새로운 성공철학의 연구를 의뢰받았을 때, 29초 만에 맡기로 했다고 합니다.

당신이 만약 인생을 바꾸거나 일상을 바꾸면서 이루고 싶은 일이 있다면, 즉시 결단을 내리고 첫 번째로 다음의 두 가지 일에 초점을 맞추세요. 바로, '새로운 사람을 만나는 것'과 '사건을 일으키는 것'입니다.

저도 나폴레옹 힐이나 혼다 켄(本田健) 씨의 책을 읽고 학창 시절에 100명이 넘는 경영자를 인터뷰하거나 이야기를 들으러 갔습니다. 그래서 알게 된 것은, 이미 잘되고 있는 사람 대부분은 책을 읽고 이 두 가지를 계획해서 바로 실행하고 있다는 것입니다.

경영자가 비즈니스 모델 책을 읽으면 바로 내일부터 경영기획실 구성원들에게 새로운 비즈니스 모델을 만들라고 지시합니다. 일류가 되고 싶은 직장인이 이 영업책을 읽으면 거래처에서 활용할 수 있는 것을 실천합니다.

작가라면 인문학이나 대중 과학을 읽고 바로 자신의 소설이나 에세이에 써먹을 수 있는지 확인하거나 그 분야의 전문가를 만납니다. 뭔가를 바꾸려면 이 두 가지밖에 없습니다.

여기서 독서 후, '사람'과 '사건'에 초점을 맞추어 행동해서 성공한 예를 소개해드리겠습니다.

도쿠시마와 가가와를 비롯해 시코쿠에서 이노베이션 센터를 경영하고 있는 간겐 마사토 씨. 간겐 씨는 이 센터를 이노베이션을 낳는 지역 활성의 장으로 연결할 수 없을까 생각하고 있었습니다.

그러던 중, 만난 것이 피터 디아만디스(Peter H. Diamandis), 스티븐 코틀러(Steven Kotler)가 쓴 《볼드 : 새로운 풍요의 시대가 온다》였습니다. 이 책은 실리콘밸리에 있는 싱귤래리티 대학 학장이자 엑스프라이즈 재단 CEO인 디아만디스가 향후의 비즈니스 전개에 관해 이야기하고 있으며, 구체적으로는 차세대 비즈니스 모델의 기법을 쓴 것입니다.

간겐 씨는 그 책을 읽고 구체적인 행동을 생각했습니다. 책 제목인《볼드 : 새로운 풍요의 시대가 온다》에서 일본 세제 브랜드 중 하나인 '볼드'의 이름을 떠올리며 세제에서 가정, 가족을 연상하고, '가족과 함께하는 것이 앞으로의 지역 활성으로 이어지지 않을까'라고 생각했습니다.

솔직히 보통 사람 입장에서는 농담처럼 들릴지도 모릅니다. 하지만 간겐 씨는 진지했습니다. 그는 두 달 후에 가족 서비스를 실시할 계획을 짰습니다. 두 달 후 가족 서비스를 하는 날, 그에게 무려《볼드 : 새로운 풍요의 시대가 온다》에 소개된 '99designs'의 일본 지사에서 연락이 오게 되었다고 합니다. 그리고 '99designs'의 링크를 간겐 씨가 운영하는 홈페이지에 게재하게 되었습니다. 차세대 비즈니스를 하는 간겐 씨에게는 다시 없을 이야기였습니다.

실제로 이런 사례는 여러 가지가 있습니다. 보통의 경우, 책을 읽고 세제가 생각났다고 해도, 쓸데없는 생각이라고 생각해서 많은 사람이 그만두게 됩니다.

하지만 실제로는 가까운 아주 작은 것이 예상 밖의 큰 것과 연결되어 있습니다. 그리고 아주 작은 행동도 해보면 뭔가를 바꿀 수 있습니다. 하려고 생각하고 있었지만, 좀처럼 할 수 없었던 일이라도 좋습니다. 도전하는 것만으로 현실은 크게 달라집니다.

# 떠오른 아이디어를 실행하는
# 행동 계획 만드는 법

이제 당신도 떠오른 아이디어를 바로 실행할 계획을 만들어 봅시다.

### ① 공명 맵을 보고 새로운 사람이나 이벤트에 관한 힌트를 찾는다

공명 맵을 보고 공명 단어나 메모 중에 새로운 사람이나 이벤트와 직접 관련된 정보는 없는지 찾아봅시다. 예를 들어, 인명이나 장소가 나오면 그 사람이나 장소를 조사하고, 만나는 등의 계획을 세웁니다.

### ② 나온 말을 힌트로 연상해본다

직접적인 이름이 나오지 않더라도 이름이나 이벤트를 연상할 수 있는 것을 발견할 수 있을지도 모릅니다. 앞의 예에서는

'볼드'라는 단어가 발견되었고, 거기서 '세제인 볼드' → '가정·가족' → '가족 서비스'를 연상할 수 있었습니다. 그렇게 당신도 공명한 말에서 연상이 되는 것은 없는지 생각해봅시다.

### ③ 떠오른 행동을 메모장에 옮긴다

떠오른 행동을 반드시 메모장에 옮겨주세요. 메모장이 아니더라도 핸드폰, 다이어리 등 아무거나 상관없습니다. 평소 자주 사용하고 있는 곳에 옮겨주세요.

### ④ 쓴 행동을 실행한다

자신이 쓴 내용을 꼭 해보시길 바랍니다. 실제로 행동해보면 앞의 사례처럼 현실이 변하게 됩니다.

# 좋아하는 책의 저자 사인회나
# 강연회에 가본다

행동할 아이디어가 생각나지 않는 분들도 있을 것입니다. 그런 분들에게는 마음에 들거나 좋아하는 책의 저자 사인회나 강연회에 참여해보는 것을 추천합니다.

저자의 사인회나 강연회에 참가하는 것은 장점이 있습니다. 저자를 실제로 만나는 것으로 그 저자의 책에는 적혀 있지 않았지만, 저자의 생각과 소중한 정보를 발견해낼 수 있습니다.

뛰어난 저자일수록 그 저자만의 브랜드를 가지고 있습니다. 그것은 저자의 외모부터 입고 있는 옷, 액세서리뿐만이 아닙니다. 몸짓, 손짓, 목소리, 공연장의 분위기, 이 모든 것이 저자가 전하고 싶은 브랜드 이미지, 그 자체입니다. 이 저자가 만들어내는 세계관, 브랜드의 본질을 마주함으로써 당신의 어떤 것이 바뀔지도 모릅니다.

저 역시 저자를 만나고 싶다는 생각에 몇 명, 몇십 명, 몇백 명의 저자들을 만나왔습니다. 그렇게 몇 년 후에는 존경하는 저자분과 함께 일하게 된 적도 있습니다. 이것은 책을 읽고 행동하지 않으면 절대 일어나지 않는 일입니다.

행동하는 것만으로 미래는 조금씩 변해가며, 당신의 행동을 통해 현실이 움직이기 시작합니다. 귀찮다, 무섭다는 마음을 넘어 아주 조금만 용기를 쥐어짜 내봅시다. 그렇게 당신은 기회를 잡을 수 있습니다.

저자를 손쉽게 만날 수 있는 또 다른 기회는 출판기념 강연회입니다. 서점에서 하는 강연회라면 책을 1권 사는 것만으로 참가할 수 있거나, 적은 금액의 입장료를 지불하는 것으로 참가할 수 있습니다. 서점에서 진행되는 이벤트는 서점 사이트에서 부담 없이 찾을 수 있습니다.

# 스터디그룹·독서 모임에서 동료와 다른 시점을 얻을 수 있다

혼자서 독서를 하는 것은 힘이 듭니다. 솔직히 저도 혼자였다면 독서를 습관화시킬 수가 없었을 것입니다. 하지만 앞서 이야기한 대로 책을 읽고 이야기할 수 있는 동료가 있으면 학습은 진행됩니다. 이야기할 수 있는 동료를 찾고 싶을 때, 추천하는 것이 스터디그룹이나 독서 모임에 참가하는 것입니다.

스터디그룹이나 독서 모임에는 세 가지 장점이 있습니다.

**스터디그룹·독서 모임의 세 가지 장점**

• 자신과 같은 생각을 하는 동료를 만날 수 있다

• 자신과는 다른 타인의 시점을 얻을 수 있다

• 배운 것을 공유할 수 있다

최근에는 스터디그룹이나 독서 모임이 늘고 있습니다. 저 역시 스터디그룹이나 독서 모임을 지속적으로 실시해 배움과 교류의 장을 만들고 있습니다.

저는 경영 컨설턴트, 작가로서 유명한 간다 마사노리 씨의 파트너 시절, 일본 최대 독서 모임 네트워크인 '리드 포 액션'의 협회 설립에 참여했습니다. 지금도 그 협회의 시니어 리딩 퍼실리테이터로서, 독서회를 개최할 수 있는 퍼실리테이터 육성에 힘쓰고 있습니다.

보통 독서 모임이라고 하면, 미리 과제 도서나 그 주제의 책을 읽어와야 하는 이미지가 있을 것입니다. 사전에 책을 읽고 와서 느낀 점이나 감상을 전달하거나 프레젠테이션을 하는 곳도 많습니다. 즉, 독서 감상회입니다.

반면 '리드 포 액션'이 진행하는 독서 모임의 특징은 사전에 책을 읽고 오지 않아도 된다는 것입니다. 읽지 않은 책을 그냥 가져가기만 하면, 그 자리에서 읽고 대화할 수 있는 독서 모임입니다. 관심 있으신 분들은 한번 참여해보세요.

# 사내 독서 모임에서 독창적인 비즈니스 모델 디자인이 실현되다

    독서 모임의 의의는 '연결'을 되찾는 것입니다. 그래서 사내 네트워크 구축에도 효과가 있습니다. 지금까지 기업에는 회식을 비롯해 운동회, 워크숍 등 사내 행사가 많이 있었습니다. 이 사내 행사를 통해 일하면서 보이지 않는 동료의 다른 면모를 알게 됨으로써 의사소통이 원활해지고 업무에 선순환이 발생했습니다.

    그러나 불황 이후 사내 행사의 예산이 삭감되고, 이로 인해 사내의 '연결'이 상실되어 회사는 많은 리스크를 안게 됩니다.
    예를 들어, 영업은 회사의 실적을 올리기 위해 필사적으로 매출을 올리려고 하지만, 경리나 엔지니어, 생산 부문은 그것을 이해할 수 없습니다. '왜 이런 일을 따오냐'라고 분규가 일어날 수 있습니다.

　반대의 경우도 있습니다. 엔지니어가 개발한 새로운 기술이 있어도 타깃 고객이 불분명할 수 있습니다. 영업은 타깃 고객이 보이지 않는 것은 팔 수가 없습니다. 그래도 회사는 이익을 남겨야 하기에 억지로라도 팔라고 합니다. 울며 겨자 먹기로 영업은 하러 가지만 타깃 고객이 보이지 않으면 어떻게 팔아야 할지 난감하기만 합니다. 그렇게 힘들어져서 그만두는 경우가 있습니다. 이렇게 계속 악순환됩니다.

　이러한 사내의 흐트러진 커뮤니케이션과 '연결'을 되돌리려는 것이 사내 독서 모임입니다. 공명 리딩을 사내에서 실천하고 있는 공명 퍼실리테이터가 있습니다.

　그중에서도 NTT 어드밴드 테크놀로지 주식회사에 근무하고 있는 미야케 야스요 씨는 공명 리딩을 활용한 워크숍을 개최하고 있습니다.
　공명 리딩을 이용하면, 지금까지의 독서 모임과는 다르게 사내 활성화가 된다고 합니다. 변화가 심한 사회 속에서 이제 한 개의 회사가 단독으로 비즈니스를 창출하고 계속해나가는 것은 어려워졌습니다. 그러한 배경에서 많은 IT기업에서는 다른 기업과 모여서 새로운 아이디어나 비즈니스를 창출할 수 있도록 합동 워크숍을 진행하고 있습니다.

그러나 실제로는 초면인 사람과 만나 갑자기 새로운 것을 만들어내는 것은 어렵습니다. 그 이유는 전문 분야가 다르기 때문입니다. 부서가 다르기도 하고 업무 내용이 다르기도 하고, 각자의 배경도 다릅니다. 초면이라 당연히 긴장도 되고요. 이러한 것들이 벽이 되어 좀처럼 커뮤니케이션이 진행되지 않는 것입니다.

미야케 씨는 공명 리딩을 활용한 워크숍을 통해 이러한 상황을 단번에 해결해 서로 간의 어색함이나 벽을 부수고 서로 협력하는 분위기를 만들 수 있다고 말합니다.

NTT 그룹의 여러 회사가 모여 비즈니스 모델 아이디어 송을 개최할 때는 다음과 같이 진행하고 있습니다.

먼저 비즈니스 모델 디자인 관련 서적, 아이디어 관련 서적 등 2권, 총 500페이지의 책을 공명 리딩합니다. 그리고 불과 1시간도 안 되어 책을 다 읽은 후, 서로 그 내용을 설명합니다. 이것만으로도 참가자들은 깜짝 놀란다고 합니다. 왜냐하면, 평소에는 300페이지나 되는 비즈니스 서적 같은 것은 한 달에 1

권 읽을까 말까 한 분량이기 때문입니다. 그런데도 이곳에서는 1시간 만에 2권이나 읽을 수 있다니, 스스로 굉장히 놀라게 된다고 합니다.

그리고 이 내용을 공유할 때 새로운 깨달음을 얻는다고 합니다. 공명 리딩은 스토리를 이용해 상대방에게 자신이 하고 싶은 일에 대한 계획이나 어떻게 느꼈는지 자신의 일과 일상을 상대에게 전달합니다.

그렇게 대화를 통한 이야기의 차이에서 서로의 시점 차이나 가치관의 차이를 알아차릴 수 있습니다. 또한 그 내용을 설명하는 방법에서 그 사람의 인품 등을 알 수 있습니다.

게다가 같은 도서의 다른 부분도 살펴볼 수 있습니다. 5명이 한 그룹이면 5개의 다른 시점을 얻을 수 있습니다. 이 다른 시선으로 뭔가를 배우려는 시점을 통해 지금까지는 자신의 업무밖에 생각하지 않았던 것이, 다른 사람을 생각해서 행하는 업무로 전환될 수 있습니다.

또한 서로 다른 의견을 들음으로써 짧은 시간에 깊은 이해를 할 수 있게 됩니다. 서로 가르치는 관계가 만들어진 자리에서는 대량의 아이디어가 생겨나고 비즈니스 모델의 디자인에 가

속도가 붙습니다. 그리고 워크숍이 시작된 지 5시간 만에 독창적인 비즈니스 모델이 여러 개 생겨나 그 1시간 후면 벌써 프레젠테이션 준비가 끝나 있습니다. 일반적으로 새로운 비즈니스 모델의 기획 입안에는 몇 달이 걸립니다. 개중에는 몇 달이나 걸렸음에도, 사회 변화의 속도를 따라가지 못해 기획이 통과되지 않는 경우도 있습니다.

그러나 공명 리딩은 처음 만나는 사람들과의 팀 빌딩에서부터 단시간에 독창적인 비즈니스 모델의 협창까지를 실현해버리는 '마법의 독서법'이라고 미야케 씨는 말합니다.

# 아웃풋을 늘리는 양질의 수면법

지금까지 공명 리딩을 더욱 활용하기 위해 읽은 책을 공유하는 방법과 행동하기 위한 방법에 관해 이야기했습니다. 이 장에서는 공명 리딩을 더욱 잘 활용하기 위한 수면에 관해 이야기하려고 합니다.

좋은 수면을 취하는 것은 우리의 기억력을 향상시켜줍니다. 무엇보다 자신 안의 발상과 발상을 연결하는 아웃풋에 도움이 됩니다.

그럼 어떻게 수면을 취하면 좋을까요? 양질의 수면을 취하려면 준비가 필요합니다.

**양질의 수면을 취하기 위한 네 가지 팁**

- 자기 2~3시간 전부터는 먹지 말 것
- 자기 전, 반 컵 정도의 물을 마실 것
- 몸을 느슨하게 하기 위해 간단한 스트레칭(요가나 호흡 명상)을 하는 것
- 간단한 긍정 확언(Affirmation)을 실시하고, 눈을 떴을 때의 할 말을 생각한다.

이 네 가지를 하고 난 후 잠이 든다면, 당신의 수면의 질은 몇 배로 향상될 것입니다.

자기 2~3시간 전에 뭔가를 먹으면 당신의 위는 소화에 에너지를 쓰게 됩니다. 이것이 당신의 수면을 방해하고 있는 것입니다. 대신 자기 전에 물을 조금 마신다면 몸 안에 수분이 전달되어 몸은 편안해질 것입니다. 또한 간단한 스트레칭을 실시한다면, 몸을 더 편안하게 할 수 있습니다.

간단하지만 이러한 행동들은 하루의 피로와 긴장 등을 풀 수 있습니다. 이것이 당신의 뇌와 몸을 편안한 상태로 이끄는 것입니다. 그리고 뇌는 가능한 한 당신이 안고 있는 과제의 단서나 문제의 해결책의 실마리를 디폴트 모드 네트워크(Default

Mode Network)를 통해 계속 검색해주는 것입니다.

만약 자기 직전까지 독서를 하고 싶다고 하시는 분들이 있다면 앞의 세 가지를 먼저 실시한 후, 독서를 하고 잠자리에 드는 것이 좋습니다. 독서를 계속하고 싶은 분들에게 추천하고 싶은 것은 내일 읽고 싶은 책을 몇 번 정도 펄럭펄럭 넘겨보는 것입니다.

네 번째의 '간단한 긍정 확언을 실시하고, 눈을 떴을 때의 할 말을 생각한다'에 대해서는 다음 장에서 말씀드리겠습니다.

1권에 20분, 읽지 않고 이해할 수 있는 대단한 독서법

# 자기 전과 아침에 눈을 뜬 후의
# 한마디로 당신의 배움은 달라진다

당신이 밤에 잠이 들 때나 아침에 눈을 뜰 때의 타이밍은 중요합니다. 이 타이밍에 인간은 암시에 걸리기 쉬운 상태로 들어간다고 합니다. 이것은 이미 많은 수면 연구자들이 발표한 내용입니다.

화가와 사업가로 유명한 살바도르 달리(Salvador Dali)는 아침에 눈을 뜬 후 이런 대사를 했다고 합니다.

"매일 아침 눈을 뜨면 '나는 살바도르 달리다'라는 것에 굉장히 큰 기쁨을 느낀다. 그러면서 '이 살바도르 달리는 오늘은 어떤 엉뚱한 일을 해줄 것인가?'라고 자신에게 묻는다."

당신은 아침에 눈을 떠 "나는 ○○다"라는 것에 큰 기쁨을 느끼고 있습니까? 그리고 당신인 것에 설레하며 '오늘은 어떤 멋진 일을 해줄 것인가?'라고 생각하고 있습니까?

자기 전과 눈뜨는 타이밍. 이 타이밍이야말로 당신을 바꿀 기회입니다. 당신의 지시에 당신의 마음이 받아들이기 쉬운 상태인 것입니다.

만약 밤에 피곤하다면 침대에 누웠을 때, 이렇게 당신의 마음에 물어보세요. "다음 날 무슨 일이 일어났으면 좋겠어." 그리고 자신 있게 그 일이 일어난 모습을 마음속으로 말해보는 것이지요.

예를 들어, 다음 날 아침 중요한 고객과의 약속이 있다면 다음과 같은 것이 말해보는 것은 어떨까요?

"오늘 밤 나는 수면을 통해 완전한 휴식을 취할 수 있다. 아침에 눈을 뜨면 내 몸은 재충전된 상태가 되어 있다. 고객과의 협의에서, 내가 이야기하는 내용은 더욱 정확하고 간결하게 상대의 요구와 고민에 이야기하고, 또 고객의 한마디, 한마디를 부드럽게 받아들이며 들을 수 있다. 고객과의 소통은 점점 더 원활하게 이루어진다. 나는 이상적인 미팅을 가질 수 있다."

다음 날, 중요한 시험을 치르시는 분들은 이렇게 말해보면 어떨까요?

"오늘 밤 수면을 통해 나는 지금까지 배워온 것들이 하나하나 연결되어간다. 그리고 나는 아침에 눈을 뜨면 심신이 편안해지고 지금까지의 성과를 내기에 최적의 상태가 되어 있다. 시험장에는 차질없이 도착할 수 있다. 시험 시간이 되면 내 뇌와 몸은 활성화되어 지금까지 배워왔던 것들을 최적으로 떠올리고 끝까지 적절하게 대답할 수 있다. 나는 지금까지 배운 것을 시험 중에 제대로 내놓을 수 있다."

마음속으로 읊조린 후, 그것을 마음속에 내려놓아보세요. 당신의 수면에 모든 것을 맡기는 것입니다. 그렇게 함으로써 당신의 일상은 그 어느 때보다 풍요롭고 멋진 일상으로 변해갈 것입니다.

자기 전과 눈을 뜬 후의 단 한마디로, 당신의 학습은 지금보다 수십 배의 효과를 가지게 됩니다. 당장 오늘 밤부터 실천해봅시다.

# 제4장

## 자신의 전문 분야 책
## 고르는 법과 읽는 법

# 제너럴리스트에서 연속 스페셜리스트가 요구되는 시대로

공명 리딩을 통해 다양한 분야의 책을 당신의 지혜로 만드는 것이 가능합니다. 독서를 힘으로 바꾸는 방법은 전문 분야를 늘려가는 것입니다.

런던 비즈니스 스쿨의 린다 그래튼(Lynda Gratton) 교수에 의하면, 앞으로의 시대를 살아가기 위해서는, 넓고 얕은 지식이나 스킬을 축적하는 제너럴리스트가 아닌, 연속 스페셜리스트(Serial Master)가 되어야 한다고 합니다. 연속 스페셜리스트란 자신의 전문 분야 지식과 스킬에 추가적으로 기둥을 세우는 것으로, 전문 분야를 하나가 아니라 계속해서 늘림으로써 자신의 전문성을 뒷받침하는 것입니다.

전문 분야를 가지고 있는 한 세무사 선생님의 예입니다. 일본 상공회의소 부기부터 시작해 회계사무소에 근무했습니다. 그는 거기서 만족한 것이 아니라 더욱 자신의 전문성을 높이고자 세무사에 도전했고, 3년 만에 합격해서 자신의 전문 분야의 지식과 스킬을 습득했습니다. 그러나 세무업계에 뛰어든 공인회계사가 늘어나 시장은 포화상태가 되었습니다.

그는 예전부터 워낙 일본 술을 좋아하기도 했기에 세계의 주세 전문가가 되는 것을 목표로 해외의 미국 공인회계사에 도전했습니다. 이후 멋지게 합격해서 미국과 유럽, 아시아를 두루 걸쳐 주세 비즈니스를 하게 되었습니다.

이처럼 이제는 제너럴리스트에서 연속 스페셜리스트가 되는 것이 요구되는 세상입니다. 저 자신도 그동안 제 전문 분야를 늘려왔습니다. 제 전문 분야는 경제사와 사업을 기획해 설립하는 것입니다. 거기서부터 중국 고전, 비즈니스 모델, 각본술, 세일즈 라이팅, 마케팅, 심리학, 뇌과학, 행동경제학, 퍼실리테이션 등으로 줄줄이 전문 분야를 늘려왔습니다.

지금 시장은 정보 과다에 빠져 있습니다. 그리고 우리는 이 대량의 정보로 인해 사고가 정지되어 전문가에 대한 의존이 계속되고 있습니다. 토마스 피케티(Thomas Piketty)의 《21세기의 자본》이 공전의 히트를 기록했지만, 피케티 관련 책이나 특집 잡지의 매출로 볼 때 대부분의 사람이 사서 읽지 못하고 방치하고 있는 상태가 아닐까요?

게다가 미디어는 텔레비전이나 라디오 등의 고비용 전송에서 인터넷을 활용한 저비용 전송 시대로 접어들고 있습니다. 그리고 일본에서는 1998년 즈음부터 널리 퍼진 인터넷이 17년에 걸쳐 한 바퀴 돌아 2015년부터 미디어를 독자적으로 보유한 온드미디어가 유행하고 있습니다.

정보는 이제 '몰라도 된다'에서 '알지 않으면 손해'가 되었습니다. 심지어 정보의 출처나 사실을 확인하지 않으면 큰 사태에 휘말리게 되기도 합니다. 이제는 두꺼운 전문서를 읽을 수 있느냐, 못 읽느냐에 달려 있습니다.

지금까지 이 책을 읽어오면서 공닝 리딩을 실천한 딩신이라면, 두꺼운 전문서도 읽을 수 있는 상태가 되어 있습니다. 그래도 아직 전문 분야를 만들 줄은 상상도 못 하는 분들에게 이미 전문 분야를 만든 이들의 사례를 몇 가지 소개해드리겠습니다.

# 짧은 시간 안에
# 전문적인 논문을 쓸 수 있게 된다

평소 논문을 써야 하는 것이 직업인 분들로부터 "이 공명 리딩을 진행함으로써 쓰기가 편해졌다"라는 기분 좋은 말을 종종 듣게 됩니다.

예를 들어, 대학 교수나 연구원분, 대학생, 대학원생, 작업치료사나 관리영양사 같은 분들이 짧은 시간 안에 논문이나 리포트를 쓸 수 있게 되었다고 합니다.

심리학자 츠츠이 준코 씨는 이 공명 리딩을 통해 논문을 쓰게 된 첫 사례입니다. 공명 리딩과 만나기 전의 츠츠이 씨는 2년 정도 논문을 쓸 수 없어서 고민하고 있었다고 합니다. 그런데 이 공명 리딩을 배움으로써 지금까지 좀처럼 쓸 수 없었던 논문의 골격을 고작 이틀 만에 완성할 수 있게 되었다고 합니다.

지방에서 활약하고 있는 영양관리사로, 도쿠시마 대학에서 시간 강사를 하고 있는 나카가와 리즈요 씨는 학회에서 발표할 논문 작성에 어려움을 겪고 있었다고 합니다. 논문을 쓰기 위해 선행 논문을 읽는 것이나 기타 참고문헌을 찾는 일 등 방대한 작업에 시달리고 있었다고 합니다. 도대체 이 방대한 작업을 어디서부터 손을 대야 할지 몰라 방황하고 있었다고 합니다.

　하지만 공명 리딩을 활용함으로써 머리와 마음속이 정리되었다고 합니다. 그동안 몇 달이 걸렸던 논문 작성을 한 달이면 할 수 있게 되었다고 합니다.


　이 외에도 도쿠시마에서 작업요법사로 활약하고 있는 요시노 테츠이치 씨는 공명 리딩을 통해 병원에 제출하는 보고서 작성에 걸리는 시간을 대폭 단축할 수 있게 되었다고 합니다. 그동안 일주일 걸리던 보고서를 하루 3시간 작업으로, 불과 이틀 만에 완성할 수 있게 되었습니다.

　이처럼 공명 리딩을 통해 평소보다 짧은 시간으로 논문이나 보고서를 제작할 수 있습니다.

# 지식뿐만 아니라
# 기술도 단기간에 익힐 수 있다

여기에서는 짧은 시간 안에 전문 기술을 익혀 회사에서 실력을 발휘하고 있는 사례를 소개하겠습니다.

대기업 식품 회사 그룹 기업의 마케팅을 맡은 쿠니이 마코토 씨는 공명 리딩으로 단기간에 전문 스킬을 몸에 익히고 있습니다. 쿠니이 씨는 자사의 회의를 바꾸려는 사내 프로젝트로 갑작스럽게 퍼실리테이터 역할을 맡으셨다고 합니다. 하지만 사내에서는 퍼실리테이션(Facilitation)이라는 말을 아는 사람이 거의 없는 상황이었기에 도대체 어떻게 해야 할지 몰라 곤란한 와중에 떠올린 것이 공명 리딩이었다고 합니다.

우선 대량의 지식을 얻어야 한다고 생각한 쿠니이 씨는 퍼실리테이션 관련 서적 10권을 공명 리딩을 통해 3일 만에 독파

1권에 20분, 읽지 않고 이해할 수 있는 대단한 독서법

했습니다. 그 결과, 지식뿐만 아니라 촉진 스킬도 몸에 배어 마치 전문 퍼실리테이터처럼 퍼실리테이션을 할 수 있게 되었다고 합니다. 쿠니이 씨는 "공명 리딩은 단시간에 책을 읽을 수 있을 뿐만 아니라 단기간에 전문가 될 수 있는 독서법이다"라고 이야기합니다.

또한 중소기업진단사 카게야마 요스케 씨는 공명 리딩을 통해 자신이 배운 적이 없는 주제로 강연이나 워크숍을 할 수 있게 되었다고 합니다.

그는 어떤 강좌에서 본래 담당 예정이었던 강사가 갑작스럽게 결석해서 대리로 영업·판매 전략에 대해 강의하게 되었다고 합니다. 직장인 시절에 영업을 경험한 적은 있었지만, 지금까지 이 주제로 강연을 한 경험은 없는 상황이었습니다. 그래서 마케팅에 관한 책을 3권, 영업전략에 관한 책 3권을 공명 리딩으로 읽은 후 강의에 임했다고 합니다.

결과는 어땠을까요? 단기간에 3시간짜리 강의 준비를 끝낸 것은 물론, 수강생들에게 전달해야 할 핵심 포인트를 잘 뽑아내 수강생 설문조사에서도 큰 호평을 받았다고 합니다.

당신도 앞으로 소개할 공명 리딩의 응용 과정을 통해 주말 이틀 만에 보다 프로페셔널해질 수 있습니다.

# 주말 이틀 동안
# 자신의 전문 분야를 확장하는 방법

이번 장에서는 자신의 전문 분야를 확장하는 방법에 관해 이야기해보겠습니다. 자신의 전문 분야를 확장하는 방법에는 다음의 세 가지 단계가 있습니다.

### 자신의 전문 분야를 확장하는 방법

① 전문 분야를 확장하는 목적을 생각한다.

② 대형 서점에 간다.

③ 전문 분야에 관련된 책 8권, 전문 분야 이외의 책 2권을 산다.

### ① 전문 분야를 확장하는 목적을 생각한다

먼저 첫 번째로 '당신이 앞으로 어떤 전문 분야를 익히고 싶은지' 그 분야와 목적을 생각합니다.

예를 들어, 제가 과거에 생각해온 목적은 이런 것입니다.

· 짧은 시간에 글쓰기를 할 수 있고 많은 사람들이 읽을 수 있는 서평을 쓰기 위해서 필요한 것은?
· 마케팅 지식을 얻고 당장 할 수 있는 '팔리는 프로모션 방법'은?
· 중국 고전 지식을 얻고 회사의 경영 방침을 만들기 위한 기법이란?
· 인지심리학 관점에서 지금보다 더 효율적이고 재미있는 학습 방법은?
· 영화계의 각본술을 배워 비즈니스 과정에 스토리를 연결 짓는 방법이란?

### ② 대형 서점에 간다

전문 분야와 목적이 정해지면 대형 서점에 갑니다. 근처에 대형 서점이 없다고 하시는 분들은 도서관도 가는 것도 방법이지만, 저는 웬만하면 대형 서점에 가는 것을 추천합니다.

저에게는 자주 가는 대형 서점이 있습니다. 경제평론가 하세가와 케이타로 씨의 《정보력》을 아버지 서재에서 우연히 발견해서 읽게 된 것이 그 계기가 되었습니다. 이 책에는 "서점을 자주 다니며 '자신의 단골 서점'을 만드는 것이 좋은 책과 만나기 위한 비결"이라고 적혀 있습니다.

제가 좋아하는 곳은 도쿄라면 북퍼스트 신주쿠점, 기노쿠니야 신주쿠 본점, 마루젠마루노우치 본점이고, 오사카에서는 우메다의 츠타야 서점, 준쿠도 서점 오사카 본점입니다. 그 밖에도 지방으로 출장을 가면, 현지의 대형 서점에 일부러 방문해서 자주 방문하는 서점을 늘리고 있습니다.

대형 서점의 장점은 새 책부터 오래된 책뿐만 아니라, 소규모 서점에서는 유통되지 않는 책을 구할 수 있다는 점입니다. 물론 소규모 서점에서는 지금 잘 나가는 베스트셀러 서적을 짧은 시간에 구할 수 있다는 장점이 있습니다.

전문 분야를 만들기 위해서는 쉬운 입문서부터 난해한 데다 5,000엔 이상 하는 책까지, 어느 정도의 변화가 필요합니다. 이러한 책들을 쉽게 만날 수 있고 바로 구할 수 있는 것이 바로 대형 서점의 장점입니다.

### ③ 전문 분야에 관련된 책 8권, 전문 분야 이외의 책 2권을 산다

서점에 들어가면 필요한 책 판매대를 찾아갑니다. 마케팅 관련 도서가 필요하면 마케팅 코너 책장으로 향합니다. 그 책장 앞에 서서 신경 쓰이는 제목의 책이 보이면 그 책을 들고 펄럭 펄럭 넘깁니다. 그런데 여기서 주의할 점은 서점에서 책장을 펄럭펄럭 넘길 때는 책이 상하지 않도록 조심스럽게 하는 것 입니다.

그리고 그 책장에서 펄럭펄럭 넘겼을 때 에너지가 높을 것 같은 책, 기분 좋게 몸속에서 뭔가가 느껴진 책 10권 정도를 골라서 삽니다. 이 감각은 《인생이 설레는 정리의 마법》의 곤도 마리에(近藤麻理惠) 씨가 말하는, 물건을 만졌을 때의 '마음이 두근거린다, 설렌다'라는 느낌과 비슷합니다.

앞으로 배울 전문 분야의 책이라면, 10권 중 보통의 전문서 외에도 입문서를 2권, 어려워 보이는 전문서를 2권, 전문 분야 외의 책을 2권 넣는 것이 전문 분야를 만드는 비결입니다. 입 문서는 그림으로 되어 있는 것이나 쉬운 문장으로 쓰인 책을 선택하는 것이 요령입니다.

입문서를 넣는 데는 두 가지 이유가 있습니다.
하나는 그 분야를 알기 쉽게, 전체를 배우기 위해서입니다. 이건 누구나 생각할 수 있겠네요.

두 번째는 최종적으로 전문 분야를 배운 다음에 자신의 말로 전할 때 도움을 주기 위해서입니다. 저도 그렇지만 보통 전문 분야에 너무 익숙해져버리면, 무심코 전문 용어로 사물을 설명하기 쉽습니다. 그러나 뛰어난 전문가는 누구나 이해할 수 있도록 알기 쉬운 문장으로 설명할 수 있어야 합니다.

전문 분야 이외의 책을 넣는 이유는 의외의 요소를 넣어 새로운 측면을 만들어내기 위해서입니다. 《아이디어를 만드는 법》의 제임스 웹 영(James Webb Young)에 따르면, '새로운 아이디어는 기존의 것과 다른 분야의 것이 곱해져서 생긴다'라고 합니다.

어쩌면 당신은 '10권이나 한꺼번에 사야 하는 거야?'라고 망설이게 될지도 모릅니다. 그러나 당신이 만약 전문 분야를 만들고 싶다면 한꺼번에 책을 사는 것이 중요합니다. 제가 학생이었을 때는 10권의 책을 한꺼번에 사는 것을 망설였습니다. 전문서는 3,000엔 이상이었기에 10권을 사면 3만 엔이나 됩니다. 학생 입장에서는 굉장히 큰 금액이었지만, 과감히 지갑을 연 덕분에 제 인생을 그때부터 열리게 되었습니다.

왜냐하면 '1권에 500페이지나 되는 책에 도전해서 읽는다'

라는 행위가 새로운 뭔가를 만들어주기 때문입니다. 지금도 그 당시 산 줄리언 제인스(Julian Jaynes)의《신들의 침묵》, 덴마크 학자 토르 노레트랜더스(Tor Nerretranders)의《사용자의 환상》, 제임스 콜린스(James Collins)의《플라이 휠을 돌려라》는 선명하게 기억하고 있습니다. 비싸다고 느꼈기 때문에 머리에 남은 것이지요.

가치가 있다고 생각하는 것에 돈을 투자하지 않으면 그것의 진짜 가치를 알 수 없습니다. 돈을 투자함으로써 그 책을 쓴 저자에게 경의를 표할 수 있습니다. 저자에게는 약간의 인세밖에 되지 않을지 모르지만, 당신의 그 1권, 1권의 돈이 출판계를 지탱하는 계기가 됩니다.

# 단 이틀 만에 전문가 수준의 지식을
# 습득할 수 있는 복합 프로세스

실제로 어떻게 시작해야 하는지 이야기해보겠습니다.

지금부터 시행하는 방법은 2장에서 실시한 공명 리딩으로 몇 권이나 읽어나가는 방법입니다. 이 방법을 사용하면 수십 권의 책도 단기간에 읽을 수 있을 뿐만 아니라 당신이 원하는 전문성을 익힐 수 있습니다.

### 전문성을 익히는 공명 리딩 복합 프로세스

① 목적을 설정한다.

② 모든 책을 사진으로 찍는다.

③ 모든 책을 펄럭펄럭 넘긴 후, 휴식을 취한다.

④ 공명 단어를 빼낸다.

⑤ 관련 장소를 발견한다.

⑥ 자신의 말로 정리한다.

⑦ 자신의 브랜드 단어를 작성한다.

⑧ 브랜드 단어를 사용하면서 새로운 시선(의견)을 만든다.

⑨ 새로운 시선을 바탕으로 리포트나 기사로 정리한다.

---

**준비할 것**

• 앞으로 익히고 싶은 전문 분야에 관련된 책 10권 정도
• 흰 종이(A4 정도의 종이나 노트)
• 펜(12색의 컬러펜이 있으면 색을 구분해서 사용할 수 있으므로 추천)

---

바로 실행해보도록 하겠습니다.


### ① 목적을 설정한다

공명 리딩 복합 프로세스의 첫 번째 단계는 목적을 설정하는 것입니다. 여기에서 목적은 당신의 개인적인 목적이 됩니다. 이 프로세스를 통해 당신이 무엇을 할 수 있게 될지 구체적으로 수치화하는 것이 중요합니다.


예를 들어, 앞으로 '글을 쓰는 사람이 되는 법을 배우고 싶다' 라는 것이 목적이라면, 그저 '글을 쓰는 사람이 되겠다'라는 것을 목적으로 삼는 것이 아니라, '글로 연간 500만 엔을 벌 수 있는 사람이 되겠다', '100만 명 정도의 방문자가 찾아오는 블

로그를 만들기 위한 문체를 얻겠다', '10분 만에 3,000자를 술술 쓸 수 있게 하겠다' 이런 구체적인 숫자가 들어간 목적으로 하는 것이 중요합니다. 또한 당신에게 그것이 유용하고 인생이나 일에 직결된다고 생각되는 것이라면 더욱 좋을 것입니다.

### ② 모든 책을 사진으로 찍는다

다음 단계에서는 모든 책을 한 장의 사진으로 촬영합니다. 사진을 찍어보고 그 책을 바라봅니다. 그리고 자신의 주제에 맞는지 확인해보세요. 나아가 새로운 분야를 만들어나가기 위해서는 2권 정도 전혀 다른 내용이나 다른 의견을 제시하고 있는 책을 추가해도 좋을 것 같습니다. 이것은 '나중에 어떤 책을 읽었는지 잊지 않기 위해서'라는 목적도 있습니다.

### ③ 모든 책을 펄럭펄럭 넘긴 후, 휴식을 취한다

이번에는 모든 책을 한번 펄럭펄럭 넘겨봅니다. 여기서 포인트는 몸이 '오싹해지는 느낌'이 들거나 어떤 힘이 느껴지는 책을 찾는 데 있습니다. 그리고 모든 책을 자신에게 힘있게 느껴진 순서대로 한번 순위를 매겨보세요. 순위를 매겨본 후, 최소 5분 정도 휴식을 취합시다.

### ④ 공명 단어를 빼낸다

그럼, 여기서 공명 리딩 맵을 만들겠습니다. 방금 전, 매긴 순위에서 상위 4~6권의 책을 공명 리딩해보겠습니다. 2장에서 이야기한 공명 리딩 순서의 스텝 1은 이미 끝났으므로, 스텝 2와 스텝 3을 실시합니다.

### ⑤ 관련 장소를 발견한다

공명 리딩의 스텝 3까지 간 공명 맵을 바라봅니다. 그리고 관련이 있을 것 같은 용어나 부분을 찾습니다. 깊이 파고들 수 있는 부분을 찾아서 그 부분을 읽어나갑니다. 포인트는 그 책의 공통점과 차이점, 신규성을 찾아가는 것입니다. 공통점이나 신규성이 발견되면 각각의 공명 맵에 추가해나가도록 합시다. 이 시점에서는 너무 세세하게 읽을 필요는 없습니다.

'당신이 내건 주제로 저자들이 회의에 참여하고 있다'라고 상상해봅시다. 그리고 당신의 주제에 대해 자유롭게 대화하고 새로운 발견을 하려고 한다고 생각하세요.

### ⑥ 자신의 말로 정리한다

그럼 다 쓴 각각의 공명 맵을 바라보도록 하겠습니다. 당신의 주제에 맞게 그 분야의 전문가들이 다양한 조언을 해주고 있습니다. 당신은 그 다양한 의견을 공평하고 중립적인 입장에서 공통점과 차이점을 정리하고 평가해나갈 것입니다. 그리고 저자들의 조언을 바탕으로 당신의 말로 정리해봅니다.

### ⑦ 자신의 브랜드 단어를 작성한다

다시 공명 맵을 바라봅니다. 거기에 쓰인 공명 단어나 메모를 보고 자신에게 연결되는 브랜드 단어를 만들어갑니다. 브랜드는 크게 나누면, 지금까지 해온 '당신의 자원, 강점'과 지금 하고 있는 것, 앞으로 하고 싶은 '당신의 활동, ~스러움'으로 이루어져 있습니다.

다음의 단어를 각각 골라보세요.

'지금까지 해온 일로 이어지는 단어'를 8개. '지금 하고 있는 일이나, 앞으로 하고 싶은 일로 연결되는 단어'를 9개. 합쳐서 17개의 단어가 당신의 브랜드 단어가 됩니다. 브랜드 단어란, 그 사람을 연상시키는 것을 말합니다. 예를 들어, '두근두근'이나 '작은 부자', '라이프워크', '멘토' 등의 단어만 들어도 돈에 관한 수많은 책을 출간하고 있는 혼다 켄 작가가 연상되지요. 그것이 브랜드 단어입니다.

### ⑧ 브랜드 단어를 사용하면서 새로운 시선(의견)을 만든다

⑦에서 발견한 17개의 브랜드 단어를 사용해서 자신의 테마

에 맞게 새로운 시선을 만듭니다. 이 새로운 시선이야말로 우리에게 재미를 안겨줍니다.

예를 들어, 지금까지 해온 것이 '영어'고, 앞으로 하고 싶은 것이 '교육'이라면 새로운 시선은 '2시간 만에 영어를 말할 수 있는 7가지 팁'이라고 생각하는 것입니다.

마찬가지로, 지금까지 해온 것이 일본 음식, '바른 식생활'이었다고 합시다. 그리고 앞으로 하고 싶은 것이 '일본인에게 맞는 식사법'이라면, 새로운 시선은 '일본식(日本式), 나를 바꾸는 최강의 일식(和食)' 등 브랜드 단어를 사용하면서 새로운 시선을 하나의 문장으로 몇 개 정도 써봅시다. 개수 제한은 없습니다. 생각나는 만큼 써봅시다.

### ⑨ 새로운 시선을 바탕으로 리포트나 기사로 정리한다

몇 가지의 새로운 시선을 바탕으로 바로 리포트나 블로그, 논문을 써봅시다.

# 비즈니스 원서를
# 바로 술술 읽는 요령

많은 분이 이미 영어 원서를 읽을 수 있습니다. 만약 당신이 읽을 수 없다면, 그저 영어로 읽는 요령을 모를 뿐입니다.

《30일 만에 영어를 말할 수 있는 방법》의 저자 신조 마사에 씨는 영어를 단시간에 말할 수 있게 되는 요령은 "지금까지 배워온 영어 학습을 활성화시키는 것"이라고 말합니다.

영어로 말하는 것과 읽는 것은 같습니다. 우리는 12년간의 학교 교육에서 긴 시간 영어를 접하고 있습니다. 중학교, 고등학교, 그리고 일상생활 속에서 6년에서부터 10년 이상 영어를 접하고 있습니다. 따라서 영어 단어나 문법 등 영어로 읽는 데 필요한 영어 실력은 몸에 배어 있습니다.

IT 컨설턴트인 오쿠다 마사시 씨는 토익 고득점을 거두었지만, 비즈니스에서 활용하거나 영어 원서를 부담 없이 술술 읽을 수는 없었습니다. 하지만 지금부터 소개하는 방법을 통해 1권을 읽는 데 두 달 동안 걸리던 원서를 무려 1시간 이내에 읽을 수 있게 되었다고 합니다.

그럼 그 비밀을 소개해드리겠습니다.

## 비즈니스 원서를 바로 술술 읽는 요령

① 번역서부터 읽고, 원서를 그것과 비교하면서 읽는다.

② 원서를 읽을 때는 그 저자의 정보(동영상, 사진, 위키피디아 등)를 찾아본다.

③ 저자의 동영상은 자막(영어 또는 일본어)이 있는 것으로 봐둔다.

### ① 번역서부터 읽고, 원서를 그것과 비교하면서 읽는다

번역서부터 시작하는 데는 이유가 있습니다. 미리 지식 데이터베이스를 내 안에 넣기 위해서입니다.

저는 '비즈니스 양서를 읽을 수 없어요. 어떻게 하면 읽을 수 있을까요?'라는 질문을 많이 받게 됩니다. 들어보면 대부분 자신의 전문 분야 외의 책을 갑자기 비즈니스 양서로 읽으려고 합니다. 그렇게 갑자기 읽으려고 한다면, 일본어로 읽는 것도 어려울 것입니다. 먼저 번역서부터 읽고 지식의 기반을 만드는 것부터 시작합시다.

이때 번역서와 원서를 고르는 팁은 당신이 원서를 읽는 목적에 맞고, '그 분야에서 가장 전문가', '그 분야의 트렌드, 흐름을 만들었다'라고 판단되는 저자의 책을 선택합니다.

예를 들어, 당신이 '앞으로 신규 사업을 시작해보려고 한다'라는 목적을 설정했다고 합시다. 이 경우, 먼저 비즈니스 모델에 대해 알아봐야겠네요.

아마존에서 비즈니스 모델을 검색합니다. 그러면 알렉스 오스터왈더(Alexander Osterwalder), 예스 피그누어(Yves Pigneur)가 쓴 《비즈니스 모델의 탄생》이 눈에 들어올 것입니다.

바로 그 책을 손에 넣은 후, 번역서로 공명 리딩의 다섯 단계를 실행합니다. 읽어보고 재미있으면 그 책의 원서를 구할 수 있어요. '원서는 전혀 읽지 못하는데 괜찮을까?' 그렇게 생각할 수도 있지만, 이미 번역서를 읽었다면 내용은 알고 있기 때문에 그런 걱정은 할 필요가 없습니다. 그 책에 대해서 질문을 받는다고 해도 어느 정도 대답할 수 있을 것입니다.

입수한 원서를 일본어 번역서와 마찬가지로 공명 리딩으로

도전합니다. 이때 중요한 것은 비록 모르는 단어가 있더라도 바로 사전이나 인터넷에서 찾아보지 않는 것입니다. 일일이 사전이나 인터넷으로 검색하는 것은 시간이 걸릴 뿐만 아니라 귀찮습니다.

중요하다고 생각한 것은 거기에 표시를 한 후, 번역서에서는 어떻게 번역했는지 공명 리딩 5단계를 마친 후에 알아봅니다.

### ② 양서를 읽을 때는 그 저자의 정보(홈페이지, 사진, 위키피디아)를 찾아본다

그 저자의 얼굴 사진이나 정보를 홈페이지, 위키백과 등에서 찾아봅니다. 사진을 보면 그 저자가 어떤 사람인지 이미지가 생깁니다.

특히 유용한 것이 바로 '링크드인(LinkedIn)'입니다. 링크드인은 세계 최대의 비즈니스 특화형 SNS입니다. 저자의 경력, 업무 관계가 실린 경우도 많고, 책 프로필 이상의 내용이 담겨있습니다.

번역본 없이 원서로 갑자기 읽으려면 특히 더 그 저자의 정보를 최대한 모아야 합니다. 원서를 갑자기 읽으려고 하면 모르는 부분이 많아서 이해하가가 어렵습니다. 우선 자신이 알고 있는 정보를 늘리는 것이 중요합니다.

### ③ 저자의 동영상은 자막(영어 또는 일본어)이 있는 것으로 봐둔다

저자의 동영상을 볼 때는 가능한 한 자막이 있는 것으로 봅니다. 움직임이나 말투, 목소리 톤, 그리고 표정도 봅니다.

최근 해외에서는 TED, TEDx로 프레젠테이션을 진행하는 분들이 저자가 되는 경우도 많아 이전보다 영상을 찾기가 쉬워졌습니다. 영상을 찾아보는 방법은 매우 간단합니다. 저자의 이름을 구글에서 알파벳으로 검색한 후, 구글 동영상 버튼을 클릭하면 그 저자의 동영상을 볼 수 있습니다.

이 세 가지 포인트를 인지한 후, 공명 리딩 단계에 따라 원서를 읽어갑니다.

# 미국 아마존닷컴을
# 능숙하게 활용하는 방법

저는 연간 500권 이상의 비즈니스 원서를 읽고 있습니다. 이렇게 말하면 보통의 분들은 조금 놀라실 수도 있지만, 여기까지 읽고 실천해주신 분이라면 '나도 할 수 있다'라고 생각하실 수 있습니다.

제가 "원서를 500권 이상 읽는다"라고 이야기하면, 종종 "책을 어떻게 사세요?"라는 질문을 받게 됩니다. 여기서는 제 나름의 비즈니스나 전문서 원서 구입 방법에 대해 말씀드리겠습니다.

저는 오프라인 서점을 좋아해서 가능한 한 책은 만지고 사고 싶습니다. 하지만 비즈니스 원서는 책의 신선도가 정보의 가치를 결정하기 때문에 미국 아마존닷컴에서 킨들 버전을 삽니다.

킨들에서 공명 리딩으로 읽는 법은 이미 앞서 소개했습니다.

미국 아마존닷컴의 활용 요령에 대해 이야기해보겠습니다.

### 미국 아마존닷컴 활용 요령

· 카테고리 보기
· 검색 기능이나 왼쪽에 나오는 'Last 30 days(30일 이내)'
  또는 'Last 90 days(90일 이내)'를 선택해서 찾기

'Last 30 days(30일 이내)'는 최신 순위로, 지금 해외에서 사람들이 어떤 책에 관심을 보이는지를 파악할 수 있습니다.

'Sort by Featured(인기순으로 정렬)'를 하면, 말 그대로 가장 주목을 받는 최신 정보를 얻을 수 있습니다. 'Sort by Publication Date(발행일 순으로 정렬)'을 하면 지금 어떤 책들이 나오고 있는지 알 수 있습니다.

'Last 90 days(90일 이내)'는 조금 시간이 지난 정보입니다. 3개월 전후의 트렌드를 살펴볼 수 있습니다. 한 달 전에는 잘 팔리고 주목받던 책도 3개월이 지나 '딱히 별것 없었다'라고 하는 경우도 자주 있습니다.

앞에서도 이야기했지만, 아마존닷컴에서 사는 이점은 '정보

1권에 20분, 읽지 않고 이해할 수 있는 대단한 독서법

의 신선도'밖에 없습니다. 전 세계에서 이용하는 곳이기에 약간의 영어 실력만 있다면, 양질의 해외 정보를 얻을 수 있습니다.

저는 독서법을 가르치는 한편, 기업 이노베이션을 일으키기 위한 비즈니스 만들기의 퍼실리테이터, 컨설턴트로 활동하고 있습니다. 그때 빼놓을 수 없는 것이 양질의 정보에 의한 트렌드 체크입니다.

정보는 '신뢰성이 높은 것을 얼마나 빨리 입수하느냐'가 비즈니스 내의 우위성을 가져옵니다. 킨들이라는 출간 직후의 도서를 바로 읽을 수 있는 도구가 있으니, 이것을 사용하지 않을 이유는 없습니다. 해외 원서는 3개월에서 반년이면 번역되기 때문에 책 제목 정도의 아주 작은 정보만으로도 우위성을 갖습니다.

저는 'Last 90 days(90일 이내)'를 체크한 후에는 반드시 오프라인 서점에 가서 원서 코너를 체크하고 있습니다. 역시 손으로 만지면 디지털로는 느낄 수 없는 감각이 있습니다.

여러 나라에 비해 일본은 아직 영어 원서를 대량으로 취급하고 있는 서점이 적습니다. 하지만 일본 서점 중에서도 추천할 만한 곳이 세 군데 있습니다.

- 신주쿠 기노쿠니야 서점 신주쿠 미나미점
- 오사카 우메다 츠타야 서점
- 도쿄 마루젠 마루노우치 본점

이 세 곳은 많은 원서를 취급하고 있기에 한번 방문해보는 것을 추천합니다.

# 독서로 성과를
# 내는 사람, 읽는 것만으로
# 끝나는 사람

# 앞으로의 시대, 독서 지식을 돈으로 바꾸는 사람이 살아남는다

공업화(산업화) 사회에서는, 어쨌든 효율이 제일 중요시되었습니다. 그리고 정보화 사회에서는 속도가 전부였습니다. 하지만 지금은 정보화 사회에서 지식 창조 사회로 향하고 있습니다.

뭔가 결과를 내기 위해 대량으로 정보를 입수해서 지식을 창조하는 것이 요구되고 있습니다. 책을 읽어서 얻은 정보를 나라는 시선을 통해 지식화함으로써 얼마든지 성과를 낼 수 있게 된 것입니다.

자, 이제 다시 한번 1장에서 이야기한 독서의 네 가지 스타일을 살펴보도록 하겠습니다.

공명 리딩으로 통독에서 속독으로 읽은 후, 대량으로 책을 읽는 다독을 실시합니다. 다독한 후에는 당신의 독자적인 시선으로 새로운 의견을 구성하고, 숙독·정독을 합니다.

숙독·정독은 정보를 한 번에 당신이라는 매개체를 통해서 지식화하는 것입니다. 당신만의 아이디어나 지식은 그 자체로 가치가 있습니다. 그런데 그 지식에 시장의 뉴스가 더해지면 그 가치는 더욱 올라갈 것입니다.

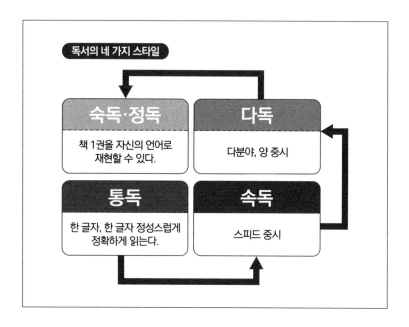

이 지식 창조 사회의 테마는 한 사람, 한 사람에게 맞는 해결 방안을 제공하는 것입니다. 그리고 런던 비즈니스 스쿨의 린

다 그래튼(Lynda Gratton)이 말하는 것처럼, 이제 시대는 대량 소비에서, 정열을 기울일 수 있는 체험이나 서비스로 전환되고 있습니다.

 그러면 지식을 어떻게 돈으로 바꿔야 할까요? 또한 어떻게 하면 독서를 통해 성과를 내는 사람으로 변해갈 수 있을까요? 지금부터는 이것에 대해서 이야기해보도록 하겠습니다.

# 왜 연봉이 높은 사람일수록
# 독서가일까?

연봉이 높은 사람일수록 책을 좋아할 확률이 높습니다. 독서와 돈은 언뜻 보기에 아무 관련이 없는 것처럼 보입니다. 그러나 그 사람의 서재에 가면 그 사람의 삶과 가치관을 알 수 있습니다.

이것은 제가 학창 시절에 100명이 넘는 경영자를 만나본 결론입니다. 그런데 이러한 제 결론은 현실적으로 맞는 말일까요? 객관적인 데이터를 살펴보겠습니다.

재단법인 출판문화산업진흥재단이 2009년 발표한 '현대인 독서실태조사'에 따르면, 일반적인 일본 성인의 독서량은 한 달에 1권 정도로, 전혀 책을 읽지 않는 사람이 4명 중 1명이라

1권에 20분, 읽지 않고 이해할 수 있는 대단한 독서법

고 합니다.

이 조사에서는 연봉이 높을수록 독서량이 많은 것으로 나타났다고 합니다. 한 달에 최소 3권 책을 읽는다고 답한 것은 '연 수입이 1,500만 엔 이상이다'라는 사람이 가장 많은 40.5%, 한 달에 1권도 읽지 않는다는 부분도 '연 수입이 1,500만 엔 이상이다'라는 사람이 가장 적은 9.5%였습니다. 0권이라고 응답한 것이 가장 많았던 것은 '연 수입이 300~500만 엔 미만이다'라는 사람으로 28.8%였습니다. 이렇게 독서량에 따라 연봉이 굉장히 큰 차이가 나는 조사 결과가 나왔습니다.

독서 시간과 관련해서도 연 수입과 큰 상관관계가 있다는 것을 잡지의 특집 기사 등을 통해 알 수 있습니다.

잡지 〈프레지던트〉의 2012년 4월 30호인 '일 잘하는 사람이 읽는 책, 바보를 만드는 책'에서 비즈니스맨 1,000명에게 설문조사를 했더니 다음과 같은 결과가 나왔습니다.

연 수입 500만 엔대의 절반 가까이가 하루 5분 미만인 것에 비해, 연 수입 1,500만 엔 이상의 40%가 하루 평균 30분 이상 독서를 하고 있다는 결과가 나와 독서 시간과 연 수입은 관련이 있다는 것을 알 수 있습니다. 또한 이 조사에서도 연 수입 1,500만 엔 이상이라는 36%의 사람들이 한 달에 4권 이상의 책을 읽고 있다고 보고했습니다.

보통의 일반 서적은, 200페이지 전후입니다. 직접적인 관련이 있다고는 말하기 어렵지만, 연 수입 1,500만 엔인 사람은 하루 평균이 30분으로 한 달에 3~4권 이상의 책을 읽고 있습니다. 이는 일주일에 1권이라는 계산이 나오기에 1권에 2시간 반~3시간 반이 걸린 셈입니다.

공명 리딩은 1권을 20~30분 만에 읽을 수 있는 독서법이기 때문에 5~9배, 즉 단순히 계산해보면 연봉 7,500만~1억 3,500만 엔 클래스의 정보량을 얻을 수 있다는 이야기가 됩니다. 놀랍습니다. 1권을 20~30분 만에 읽을 수 있게 됨으로써 당신은 연봉 7,500만 엔의 마인드를 손에 넣을 수 있으니까요.

다만 실천이 필요합니다. 교세라의 회장 이나모리 가즈오(稻盛和夫) 씨가 《어떻게 살아야 하는가》에서 말한 것처럼, "알고 있으면 할 수 있다"라고 생각하면 안 됩니다. '알고 있다'와 '할 수 있다' 사이에는 큰 간격이 있습니다. 배운 것을 실제로 실천하고 시도해보는 것이 중요합니다. 그래서 정리된 정보를 얻을 수 있는 책을 읽고, 얻은 정보를 실천하고, 실천이라는 경험을 지식화해야 비로소 많은 부를 얻을 수 있는 것입니다.

그런데 '이것이 진짜일까?' 하고 의심할 수 있습니다. 저 역시 그랬기 때문에 그 이후에도 여러 가지 방면으로 조사해봤습니다. 그러자 재미있는 사실을 알게 되었습니다. 이 내용은 다음 장에서 살펴보겠습니다.

# 세계에서 가장 부자와
# 독서와의 상관관계
## - 빌 게이츠와 워런 버핏의 독서량은?

'세계 제일의 부자' 하면, 당신은 누가 떠오르시나요? 많은 사람이 마이크로소프트 창업자 빌 게이츠(Bill Gates)와 세계 1위 투자자 워런 버핏(Warren Buffett)을 떠올릴 것입니다. 그런데 이 두 사람은 굉장한 독서가입니다.

빌 게이츠의 아버지인 윌리엄은 수완가 고문 변호사로, 자신이 죽으면 상속세만 680만 달러가 된다고 말했을 정도로 부자였습니다. 그런 아버지 밑에서 자란 빌 게이츠는 자신의 롤모델은 부모님이라고 말했습니다. 어린 시절부터 부모님에게서 지식을 습득하고 사고하는 습관을 익힌 그는 성장한 후에도 그것을 계속 이어갑니다.

1권에 20분, 읽지 않고 이해할 수 있는 대단한 독서법

평일에는 하루 1시간 이상, 주말에는 더 많은 시간을 독서에 쓰고 있다는 것입니다. 집에는 사설 도서관이 있고, 거기에는 1만 5,000권 이상의 책이 있다고 합니다.

빌 게이츠는 지식의 폭을 넓히기 위해 매주 최소 1권 이상의 시사주간지를 샅샅이 훑는다고 합니다. 그는 "흥미 있는 과학이나 비즈니스 페이지밖에 읽지 않는다면, 잡지를 읽기 전의 나와 읽은 후의 나 사이에는 아무런 변화가 없으니까요"라고 말했습니다.

마찬가지로 세계 제일의 투자가 워런 버핏도 굉장히 학구적인 생활을 보내고 있습니다. 버핏의 오랜 파트너로 버크셔 해서웨이의 부회장인 찰스 멍거(Charles Munger)는 버핏에 대해 이렇게 말하고 있습니다.

"버핏은 일하는 시간의 절반 이상을 독서에 쓴다. 그는 느긋하게 결과를 기다리고 있는 것이다. 그 외 시간에는 사람들과 일대일로 만나고 있거나 진화를 하고 있다. 버핏의 생활은 굉장히 학구적이다. 그가 세계적인 성공을 거두고 있는 것은 날마다 계속 배우고 있기 때문이다."

독서를 하고 정보를 얻어 실천하고 지식화하면, 우리도 그들과 같은 연봉을 받을 수 있을지도 모릅니다.

# 독서에는 꿈을 이루는 힘이 있다

독서에는 꿈이나 상상을 이뤄주는 힘이 있습니다.

워런 버핏이 다섯 살 때 가진 꿈은 '돈을 많이 벌어 부자가 되는 것'이었다고 합니다. 대공황 중에 태어난 버핏 소년은 많은 아이와 같은 꿈을 가졌습니다. 그렇다면 버핏 소년과 그 밖의 많은 사람과의 차이는 도대체 어디에 있었던 것일까요?

그것은 자신의 꿈을 이루기 위한 행동 계획을 하고 있었다는 것에 있습니다.

버핏은 어렸을 때부터 부자가 되기 위한 많은 책을 읽었습니다. 그는 《1,000달러를 버는 1,000가지 방법》 등과 같은 비즈니스 서적을 많이 읽었습니다. 이런 책들을 통해서 부자가 되기 위한 계획을 배우고 정리해 자기 나름의 행동 계획을 실행하고 있었던 것입니다.

꿈을 이루고 있는 사람의 대부분은 어떤 자신이 되고 싶은 지에 대한 이미지가 구체적입니다. 스포츠계에서는 야구의 스즈키 이치로(鈴木一朗) 선수, 축구의 혼다 케이스케(本田圭佑) 선수, 테니스의 니시코리 케이(錦織圭) 선수. 연예계에서는 그룹 Perfume의 오모토 아야노(大本彩乃) 씨, 여배우 타베 미카코(多部未華子) 씨 등이 있습니다. 그들의 졸업 문집을 보면 '어떤 내가 되고 싶은지' 명확히 생각하고 있었다는 것을 알 수 있습니다.

독서를 할 때도 마찬가지입니다. 단지 독서를 하는 것이 아니라, 목적을 가지고 어떤 내가 되고 싶은지 이미지화하고, 그러한 내가 되기 위한 행동 계획을 세우고 실행하는 것이 중요합니다.

메이지 유신을 일으킨 메이지의 지사들도 마찬가지로 목적을 가지고 학문을 했습니다. 와타나베 카잔(渡辺崋山), 사쿠마 쇼잔(佐久間象山), 아사카 곤사이(安積艮斎) 등을 문하생을 배출한 유학자인 사토 잇사이(佐藤一斎)는 "학문을 시작하려면 반드시 훌륭한 인물이 되려는 뜻을 세우고 책을 읽어야 한다. 그게 아니라 그냥 무작정 자기 견문을 넓히고 지식을 늘리기 위해서만 학문을 하다 보면 오만한 사람이 되거나 나쁜 일을 속일 염려가 있다"라고 말했습니다.

참고로 에도와 메이지 시대의 정치가인 사이고 다카모리(西鄕隆盛)는 이러한 사토 잇사이의 말을 좌우명으로 삼고 있으며, 특히 마음에 와닿은 사토 잇사이의 말을 101가지 골라《손초언지록(手抄言志錄)》이라는 책까지 만들었다고 합니다.

# 성공 직전의 사람들이
# 꼭 하는 일을 따라 해보자

그렇다면 어떤 내가 되고 싶은지 생각해보겠습니다.
당신은 3년 후에 도대체 어떤 일을 하고 있을까요?
우선 당신 나이에 3살을 더해봅시다.

**당신의 나이(    ) + 3살 = (    )**

그 나이에 당신은 어떤 사람과 함께, 어떤 장소에서 활약하고 있는지, 또한 사는 곳이나 가고 있는 것을 명확하게 써봅시다. 생각나는 대로 상상을 하며 대답해나갑니다.

> **3년 후 당신의 미래**
> - **Who(누구)** : 누구와 같이 있나요?
> - **Where(장소)** : 어떤 곳에 있나요?
> - **When(시)** : 3년 후 몇월 며칠인가요?
> - **What(하고 있는 것)** : 어떤 것을 하고 있나요?
> - **Why(이유)** : 왜 그 일을 하고 있나요?
> - **How(방법)** : 그것을 어떻게 실현하고 있습니까?

이번에는 과감히 +10살을 해봅시다. 당신의 10년 후는 대체 어떤 모습일까요?

**당신의 나이(    ) + 10살 = (    )**

10년이라는 세월은 굉장히 강력합니다. 지금 당신이 30대라면 40대가 되는 것이고, 20대라면 30대가 됩니다. 10대라면 20대. 라이프스타일도 크게 변해 있을 것입니다.

그럼 조금 전과 마찬가지로, 10살 더 나이가 든 당신이 어떤 사람과 함께 어떤 장소에서 어떤 활약을 하고 있을지, 사는 장소나 하고 있는 것을 명확하게 써 내려가 봅니다.

생각난 대로 상상하며 대답해봅시다.

저는 지금까지 성공자라고 불리는 많은 사람을 만나왔습니다. 정확히 말하면, 그 사람들의 3분의 1은 만났을 당시, 아직 성공하지 못한, 성공하기 직전의 상태였습니다.

그 성공하기 직전의 사람들 대부분이 이러한 상상 연습을 하고 있었습니다. 그들은 자신의 10년 후를 명확히 하고 있기 때문에, 앞으로 어떤 세상으로 나아가고 싶은지 알고 있었습니다. 또한 어떤 인생을 보내고 있는지, 비즈니스의 종류, 함께 있는 사람, 그것을 하고 있는 장소, 어떤 노하우를 사용하고 있는지까지도 명확하게 생각했습니다.

성공하는 사람은 공통적으로 이미 자신이 성공한 10년 후에 있는 것처럼 미래의 일을 이야기하고 있었습니다. 그리고 지금으로부터 1년 후에는, 3년 후에는, 5년 후에는 무엇을 하면 좋을지 미래의 자신이 볼 때 어떻게 할지 알고 있었습니다.

　인생이 반드시 예정대로 진행된다고는 할 수 없습니다. 어떤 완벽한 계획을 세우고 있어도 일은 좀처럼 그 계획대로 진행되지 않는 법입니다. 그러나 항해나 탐험을 할 때 지도가 있느냐 없느냐에 따라 그 모험의 성공 확률은 크게 달라집니다.

　당신은 자신이 그린 10년 후의 자신이 되기 위해 독서를 해야 합니다.

# 독서로 삶을 바꾸는 데 도움이 되는 도구 ①
## - 꿈의 실현 편

여기서 당신이 독서로 인생을 바꾸거나 꿈을 이루기 위해 추천할 만한 도구 세 가지를 소개합니다.

먼저, 인터넷 업계 대기업의 GMO 인터넷그룹 쿠마가이 마사토시(熊谷正寿) 대표가 만든 '꿈·인생 피라미드'입니다. 사실 저는 과거에 GMO 인터넷 직원이었습니다. 학창 시절, 구마가이 마사토시 대표의《한 권의 수첩으로 꿈은 반드시 이루어진다》,《20대에서 시작하는 꿈 설계도》를 읽고 감동을 하게 되어, 취업공고를 보고 지원한 후 그곳에서 일하게 되었습니다.

당시 인사담당 임원인 S이사와 부장 K씨에게 인생과 일에서 중요한 것으로, 쿠마가이 대표의 생각을 배웠습니다. 지금

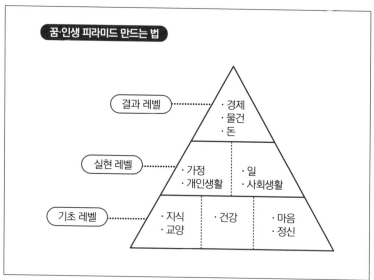

꿈·인생 피라미드 만드는 법

- 결과 레벨 ········· ・경제
  ・물건
  ・돈
- 실현 레벨 ········· ・가정    ・일
  ・개인생활  ・사회생활
- 기초 레벨 ········· ・지식   ・건강   ・마음
  ・교양         ・정신

출처 : 《한 권의 수첩으로 꿈은 반드시 이루어진다》

의 제가 있는 것은 그 가르침 덕분입니다. 그중에서도 가장 영향을 받은 것이 앞의 책 2권에서도 소개되고 있는 '꿈·인생 피라미드'입니다.

　기초 레벨이 '지식·교양', '건강', '마음·정신'의 세 가지, 실현 레벨이 '일·사회 생활', '가정·개인 생활'의 두 가지, 그리고 꼭대기의 결과 레벨이 '경제·물건·돈'으로 구성된 피라미드입니다.

　제 나름대로 간단한 방법을 소개해드리자면, 일단 하고 싶은 것의 리스트를 만듭니다. 이 하고 싶은 일 목록은 일생 하고 싶은 일이나 되고 싶은 일을 모두 적어내는 것으로, 10년 후, 20년 후에 내가 어떻게 되고 싶은지 이미지화해서 쓰는 것이 포인트입니다. 만약 작은 포스트잇이 있다면 거기에 써서 붙이면 정리가 편합니다. 그리고 하고 싶은 일을 쭉 써 내려간 것을 '꿈·인생 피라미드'의 여섯 가지 카테고리에 적용해봅니다.

'꿈·인생 피라미드'에 하나씩 적용해보면서 부족한 부분이나 균형을 살핍니다. 피라미드 맨 아래의 기초 레벨이 모두 이루어지면, 실현 레벨의 성공 확률은 높아지고 자연스럽게 피라미드 꼭대기의 결과가 따라오게 됩니다.

예를 들어, '연 수입 3,000만 엔이 되고 싶다'라고 하는 '경제·물건·돈' 부분에서의 하고 싶은 것이 있었다고 합시다. 그때, 토대가 되는 기초 레벨의 '지식·교양' 부분에서, '세무, 회계, 법무의 지식을 배우고 전문가의 이야기를 이해할 수 있다' 등 그것을 실현하는 데 필요한 요소가 적혀 있지 않으면, 실제로 벌 수는 있어도, 실현은 어려워집니다.

또한 연 수입 3,000만 엔을 벌려면 굉장히 일이 빡빡하고 힘들 것입니다. 건강 면에서도 '평생 일할 수 있는 체력을 만든다'와 같은 목표가 없다면, 그 꿈의 균형은 굉장히 좋지 않습니다. 설사 실현된다고 해도 컨디션을 무너뜨리게 될 가능성이 큽니다.

경영자의 경우, 비즈니스가 제대로 돌아가지 않는 것은 경영자의 컨디션과 크게 관련이 있습니다.

이처럼 '꿈·인생 피라미드'의 여섯 가지 분류에, 자신이 하고 싶은 것을 적용해 균형을 맞추어갑니다. 그리고 빈칸이 된 부분은 새롭게 생각해나가도록 합시다. 이 '꿈·인생 피라미드'를 통해 살펴보면 자신에게 무엇이 부족하고, 다음에 어떤 책에 도전해야 할지를 알 수 있게 됩니다.

당신도 꼭 꿈·인생 피라미드를 만들어서 작성해본 후, 그것을 통해 어떤 책을 읽을지 계획을 세워보세요. 그렇게 결정한 책이나 장르를 하루에 1권씩 읽어보세요.

이 루틴이 당신의 꿈에서 행동을 만들고, 행동은 습관을 만들고, 습관은 인격을 만들고, 그렇게 인생을 바꿀 수 있습니다. 대부분의 사람이 크게 달라졌다고 느끼기까지 3년, 변했다고 느끼는 데 21일 정도가 걸립니다. 지금 당장 도전해봅시다.

# 독서로 삶을 바꾸는 데 도움이 되는 도구 ②
## – 미래 비전 편

또 하나의 도구는 '퓨처 매핑'입니다. 퓨처 매핑은, '전뇌 사고'나 '스토리 사고'에서 소개되고 있는 방법으로, 경영 컨설턴트이자 작가인 간다 마사노리 씨에 의해서 개발된 지식 창조 메소드입니다.

이 퓨처 맵핑을 활용함으로써 미래의 비전을 그리고, 이를 거꾸로 올라가 봄으로써 앞으로 무엇을 해야 할지 자신의 사고 테두리를 넘어 행동 계획을 끌어낼 수 있습니다.

퓨처 매핑은 3막 2부 구성의 6칸으로 되어 있습니다. 왼쪽 상단에는 이루고 싶은 과제를 쓰고, 오른쪽 상단에는 120% 행복하게 만들고 싶은 대상을 씁니다. 그리고 곡선을 그린 후, 그 대상자가 행복해지는 이야기를 쓰고, 그 이야기에서 과제 달성을 위한 힌트를 얻어 행동 계획을 씁니다.

저 역시 평소 비즈니스를 할 때 퓨처 매핑을 활용하고 있습니다. 언젠가는 그려낸 차트를 통해 비즈니스로 2억 2,500만 엔의 사업을 낙찰받을 수 있었고, 신규 사업이나 서비스를 시작하거나 새로운 교육 도구를 창출하는 데도 도움이 되었습니다.

그리고 이 책의 집필할 때의 행동 계획도, 퓨처 매핑을 활용했습니다. 사실 이 공명 리딩의 원형은 퓨처 매핑을 힌트로 탄생했습니다. 종이 1장이라는 발상이나 곡선, 3막이라고 하는 발상은 퓨처 매핑에서 왔습니다. 그렇기 때문에 몇 가지 공통점이 있습니다.

여기까지 읽으신 당신이라면 퓨처 매핑도 금방 이해할 수 있을 것입니다. 공명 리딩이 좋은 독서법이라고 생각된다면, 공명 리딩의 어머니와 같은 퓨처 매핑도 꼭 시도해보세요. 당신의 사업이나 일상에 큰 도움이 될 것입니다.

# 독서로 삶을 바꾸는 데
# 도움이 되는 도구 ③
## - 비즈니스 스킬 업 편

독서로 인생을 바꾸는 추천 도구 중 하나는 전 세계적인 베스트셀러 《비즈니스 모델의 탄생》에 소개된 '비즈니스 모델 캔버스'입니다.

종이 한 장으로 경영자와 같은 시점에서 비즈니스 모델을 만들 수 있는 비즈니스 도구입니다. 저도 이 책이 출간된 이후, 바로 제 비즈니스에 활용해서 좋은 성과를 거둘 수 있었습니다.

이 비즈니스 모델 캔버스를 통해 비즈니스 스킬을 키우는 데 필요한 정보나 지식을 익힌다면, 능력을 발휘하는 비즈니스 인재가 될 수 있습니다.

비즈니스 모델 캔버스는 비즈니스에 필요한 아홉 가지 요소로 이루어져 있습니다.

## 비즈니스 모델 캔버스

The Business Model Canvas | ~을 위해서 디자인되었다. | ~에 의해서 디자인되었다. | 날짜 : | 버전 :

| 핵심 파트너 | 핵심 활동 | 가치 제안 | 고객과의 관계 | 고객 세분화 |
|---|---|---|---|---|
|  | 핵심 자원 |  | 채널 |  |

| 비용 구조 | 수익의 흐름 |
|---|---|

출처 : businessmodel generation.com

## 스킬 업으로 이어지는 책을 적용 독서 포트폴리오를 만들자

| 고객과의 관계 | 고객 세분화 |
|---|---|

**커뮤니케이션 능력**

**매니지먼트 입문**

채널

**마케팅 전략**

1권에 20분, 읽지 않고 이해할 수 있는 대단한 독서법

경영 자원을 나타내는 '핵심 자원', 매상을 늘리는 활동인 '핵심 활동', 자사의 비즈니스를 외부에서 지탱해주는 '핵심 파트너', 고객을 나타내는 '고객 세분화', 서비스나 상품, 비즈니스의 가치를 나타내는 '가치 제안', 서비스나 상품을 고객에게 전달하는 마케팅 활동인 '채널', 그리고 '고객과의 관계', '수익의 흐름', '비용 구조'의 아홉 가지 요소로 되어 있습니다.

비즈니스를 단순화하면 이 아홉 가지로 구성되어 있습니다. 경영자는 이 아홉 가지 요소를 축으로 회사를 경영하고 있습니다. 비즈니스 서적의 대부분은 이 아홉 가지를 생각해서 구입하는 것이 좋습니다.

예를 들어, 자사의 매출을 늘리는 활동을 하고 싶다고 합시다. 매출은 간단하게 말하면 '단가×수량'입니다. 단가와 수량 중 하나 또는 둘 다를 올려야만 매출이 늘어납니다. 단가를 올리려면 고객의 회당 단가를 올리거나 상품의 단가를 올리는 영업 방법을 배워야 합니다. 더 많은 수량을 팔려면, 더 많은 사람이 그 상품과 서비스를 알리기 위한 채널, 즉 마케팅을 배울 필요가 있습니다.

경비를 줄이고 싶다면, '핵심 자원'에 주목합니다. 핵심 자원은 경영 자원으로, 시스템이나 공장, 그리고 특허, 권리, 인건비 등이 포함되어 있습니다. 인재를 살리기 위한 매니지먼트를 배우거나 시스템이나 공장 구조를 최적화하기 위한 매니지먼트를 배울 필요가 있습니다.

당신이 비즈니스 세계에서 성과를 거두고 싶다면, 비즈니스 모델 캔버스를 참고하면서 당신의 기술 향상으로 이어질 비즈니스 서적이나 경제, 경영 등의 전문서를 넣은 독서 포트폴리오를 만들어보세요.

실제로 공명 리딩을 배운 분들에게 설문조사를 해보니, 약 70%의 사람들이 '배우기 이전보다 수입이 늘었다', '연봉이 올라갈 것 같다'라고 이야기했습니다. 그러니 당신도 꼭 독서 포트폴리오를 작성해주세요. 당신의 비즈니스 커리어를 도약시킬 기회가 되어줄 것입니다.

# 책 멘토링
# '책 드림팀'을 만들자

인생과 비즈니스에 관한 독서 포트폴리오를 만드는 것에 대해 지금까지 이야기해왔습니다. 이 포트폴리오에 이어 책 멘토팀인 '책 드림팀'을 만드는 것을 추천합니다.

각계 유명인들은 어떤 문제가 생기거나 고민을 할 때, 뇌 속 드림팀과 상담하는 경우가 있다고 합니다.

힐러리 클린턴(Hillary Rodham Clinton)은 남편 빌 클린턴(Bill Clinton)이 대통령으로 재임하던 시절, 회의실에서 역대 대통령들을 이미지 속에서 불러내 '역대 대통령이라면 어떤 결단을 내렸는지' 생각했다고 합니다.

또한 아마존 창업자 제프 베이조스(Jeff Bezos)는 회의실에 아무도 앉지 않는 의자를 가져와 아마존에서 가장 중요한 인물인 고객이 앉아 있는 것처럼 회의 참가자들에게 이미지화했다고 합니다. 이로 인해 아마존은 고객 관점에서 더 나은 서비스를 계속 만들고 있는 것입니다.

저의 머릿속에도 '이런 문제가 생기면 이 책을 다시 한번 읽자'라는 '책 드림팀'이 있습니다. 제가 학창 시절부터 존경하는 사람들은 벤처기업가나 경영 컨설턴트, 일류 스포츠 선수 등입니다. 저는 이런 멤버들로 '책 드림팀'을 구성하고 있습니다. 벤처기업가로는 GMO 인터넷그룹의 구마가이 마사토시 대표, 라쿠텐의 미키타니 히로시(三木谷浩史) 사장, 사이버 에이전트의 후지타 스스무(藤田晋) 사장입니다. 벤처기업가는 자서전이나 자신의 경영 노하우에 대한 책을 내는 경우가 많아서 그 책을 읽는 것만으로도 창업의 흐름뿐만 아니라 비즈니스를 성공으로 이끄는 원리를 알 수 있습니다.

경영 컨설턴트 책으로는 실무 경험이 있는 컨설턴트의 책을 추천합니다. 저는 간다 마사노리 씨의 책에서 많은 영향을 받았습니다. 그는 시대에 따라 테마를 변화시키며, 경영 컨설턴트로서, 회사 경영자로서, 나아가 작가로서 나선형으로 변화하면서 계속 전진하고 있습니다.

해외 컨설턴트의 책 역시 드림팀의 일원입니다. 유럽의 이노베이션 컨설턴트인 기스 반 울펜(Gijs van Wulfen)의《스타트 이노베이션》등 실제로 기업에서 혁신을 일으켜 성공한 사업으로 이끈 경험이 있는 사람이 쓴 책에는 에너지가 있습니다.

학문적인 분야에서는 피터 드러커(Peter Ferdinand Drucker)의 제자인 짐 콜린스(Jim Collins)의《좋은 기업을 넘어 위대한 기업으로》나 알렉산더 오스터왈더, 예스 피그누어의《비즈니스 모델의 탄생》입니다.

자신이 구성한 '책 드림팀'의 책은 여러 번 읽어도 됩니다. 반복해서 읽어도 항상 새로운 발견이 있기에 질리지 않습니다. 그것은 나 자신이 성장해서 처음 읽었을 때와 시점이 달라졌기 때문입니다. 처음 읽었을 때는 미처 깨닫지 못한 발견들로 인해 자신의 성장을 확인할 수 있어 인생이 즐거워집니다. 머릿속의 '책 드림팀'. 당신은 어떤 멤버로 구성하고 싶으신가요?

우선 신문이나 잡지의 특집 기사 등에서 소개되고 있는 경영자나 배우들이 추천하는 책부터 손에 들어봅시다. 당신이 마음속에 떠올린 사람의 책을 손에 쥠으로써 언제든지 그 사람은 드림 멤버가 되어 당신을 서포트해줄 것입니다.

당신은 그 책을 공명 리딩으로 읽기만 하면 됩니다. 그것만으로도 이상적인 멤버로부터 지금 고민하는 것에 대한 힌트나 해결책이 될 만한 조언을 얻을 수 있을 것입니다.

# 독서는 저자의 뇌를 사용해서
# 저렴하고 빠르게 재능을 갈고닦는
# 편리한 툴

책에는 시간과 공간을 뛰어넘는 힘이 있습니다. 기억 매체 중에서도 종이는 기억 미디어라고 하는 것보다 훨씬 수명이 길어 때로는 수백 년이 지나도 읽을 수 있는 도구입니다.

책은 저자가 자신의 인생과 에너지를 들여서 쓰는 것입니다. 저자는 1권에 책에 자신의 지금까지의 경험과 얻은 지식을 한꺼번에 쏟아붓습니다.

이 책 역시 약 100여 권의 참고문헌과 제가 지금까지 읽어온 약 1만 5,000권의 에너지를 받아 쓰였습니다. 만약 1권의 양질의 비즈니스 서적이 100권의 전문서를 통해 쓰였다고 합시다.

전문서의 가격이 대략 2,000~4,000엔. 평균 3,000엔이라고

했을 때, 그 책을 만드는 데만 30만 엔의 돈이 드는 셈입니다. 또한 해외 저자에게 물어보니, 1권의 책을 만드는 데 1~2년이 걸린다고 합니다. 해외 저자의 평균 연봉을 1,500만 엔이라고 생각했을 때, 그 책 1권에만 2,000~3,000만 엔의 에너지가 채워져 있는 것입니다. 그런데 우리는 그것을 1권에 1,500엔으로 입수할 수 있으므로 책을 사는 것은 비용 대비 효과가 높다고 할 수 있습니다.

게다가 공명 리딩을 하면 일반적으로 200페이지 읽는 데 2시간 걸리는 책을 여섯 배의 속도로 읽어나가며 자신이 원하는 정보를 얻을 수 있습니다. 그것도 단지 그 저자가 겪은 것을 간접 체험할 수 있을 뿐만 아니라 저자가 마치 눈앞에 있는 것처럼 당신의 고민이나 문제에 대해 간접적으로 메시지를 주게 됩니다.

이것을 잘 활용하면 가장 저렴하고 빠르게 당신의 재능을 연마할 수 있습니다.

# 저자의 두뇌를
# 빌리는 독서법
## – 공명 리딩·지니어스 프로세스

    그럼 이 장에서는 저자의 두뇌를 빌리는 구체적인 방법을 소개하겠습니다.

    '공명 리딩·지니어스 프로세스'라고 하는 방법입니다. 이 과정은《아인슈타인 팩터》의 공저자로 알려진 윙 웽거(Win Wenger) 박사가 소개한 기법을 참고해서 만들어진 것입니다.

---

**준비할 것**
- 두뇌를 빌리고 싶은 저자의 책과 그 책의 공명 맵
- 포스트잇과 펜

---

### 공명 리딩 지니어스 프로세스

① 일상에서 '이것만 해결할 수 있다면' 하는 질문을 여섯 개 이상 쓴다.

② 그 질문을 하나씩 포스트잇 한 장에 써서 세 번 접어 글씨가 보이지 않게 한다.

③ 두뇌를 빌리고 싶은 저자의 책과 그 책의 공명 맵을 눈앞에 준비한다.

④ 질문이 적힌 포스트잇과 책을 오른손으로 든다. 그 상태에서 공명 맵에 적혀 있는 라인을 왼손으로 덧쓴다.

⑤ "이 질문에 대답해줄 수 있는 장소는 어디입니까?"라고 묻고 왼손에 몸을 맡긴다.

⑥ 왼손이 멈춘 곳을 보고 몇 페이지인지 확인한다.

⑦ 페이지를 열기 전에 먼저 접어둔 포스트잇을 열어서 질문을 본다.

⑧ 질문을 보면 바로 그 페이지를 열어본다. 그리고 그 페이지에서 그 질문에 대답해본다.

⑨ 질문이 없어질 때까지 ④~⑧을 반복한다.


이 방법은 책, 또는 '책 드림팀' 멤버들이 당신의 일상에 대해 구체적인 조언을 해주는 방법입니다.

질문은 여섯 개 이상 하는 것이 포인트입니다. 2001년 미주리대학교의 넬슨 코완(Nelson Cowan) 교수의 '매직넘버 4±1'이라는 연구에서 인간이 할 수 있는 단기기억의 정보 수는 4±1이라는 결과가 나왔습니다.

공명 맵 화살표를 여섯 개 이상으로 하고 있는 것처럼, 여기서도 질문을 여섯 개 이상 함으로써 자신의 의식을 넘어선 곳에서 저자 또는 책 드림 멤버로부터 조언을 받을 수 있습니다.

# 원서를 읽으면
# 그 분야의 일류와 이어진다

원서를 읽는 법에 관해서는 앞에서 이야기했습니다. 여기서는 그 장점에 대해 말씀드리겠습니다. 책을 원서로 계속 읽어 나가다 보면 해외 저자와의 교류도 가능해집니다. 그리고 때로는 인생이 크게 도약하는 일도 생깁니다.

2015년에 'Thinkers 50(세계에서 가장 영향력 있는 경영 사상가)'로 뽑힌 예스 피그누어(Yves Pigneur) 작가와의 만남은 충격적이었습니다. 일본에서도 베스트셀러, 롱셀러가 된《비즈니스 모델의 탄생》의 원서가 해외에서 처음 출간되었을 때, 저는 예스 피그누어 작가에게 페이스북으로 친구 신청을 했습니다. 그리고 그로부터 1년 후, 갑자기 메시지가 왔습니다.

"《비즈니스 모델의 탄생》의 저자 예스 피그누어입니다. 올해는 아시아에서 지내고 있습니다. 이번 달 말 도쿄로 여행을 갈 예정인데, 야스히로 씨는 도쿄에 살고 있습니까?"

그렇게 피그누어 작가와 만나게 되었고, 이 일을 계기로 저의 인생은 크게 도약했습니다. 이때 영어로 말하는 것이 능숙하지 않았던 저는 당시 외국계 제약 회사에서 일하고 있어 영어에 능통한 야마모토 노부 씨에게 부탁해 피그누어 작가를 함께 만났습니다. 그 후 야마모토 씨와는 함께 비즈니스 모델 이노베이션 협회를 설립하게 됩니다.

비즈니스 모델 이노베이션 협회는 피그누어 작가가 개발한 '비즈니스 모델 캔버스'를 일본에 알리는 활동을 하는 협회입니다.《비즈니스 모델의 탄생》의 번역자인 코야마 류스케 씨를 대표이사로 해서, 일본의 뛰어난 비즈니스 모델을 세계에 알리는 것을 콘셉트로 발족한 것입니다. 이 협회를 만든 것도 피그누어 작가와의 만남이 계기가 되었기 때문에 인생에서 만남이라는 것이 참으로 신기합니다.

또한, 유럽에서 유명한 이노베이션 컨설턴트인 기스 반 울펜 작가도 원서를 읽고 있었던 것을 계기로 알게 되었습니다. 저는 가끔 출판사에서 번역서 리서치를 하거나 조언을 주는 일을 하게 될 때가 있어 그 인연으로 알게 되었습니다. 지금은 기스반 울펜 작가도 일본으로 불러, 기업에 이노베이션을 일으키는 'FORTH 이노베이션 메소드'를 알리고 있습니다.

# 책을 알게 되는 순간의 행동이
# 좋은 인연을 만든다

"최근에 읽고 재미있었던 책이 뭐예요?"
"지금까지 읽은 책 중 가장 재미있었던 책은 무엇입니까?"

제가 느낌이 좋다고 생각한 사람을 만났을 때, 자주 하게 되는 질문입니다. 그리고 상대의 답을 들으면 그 자리에서 스마트폰을 봐도 되냐고 허락을 구한 후, 바로 책을 삽니다. 페이스북이나 트위터 등의 SNS에서도 마찬가지로, 소개된 책이 재미있다고 느끼면 그 자리에서 바로 구매합니다.

책은 제목을 알게 된 순간이 최고의 타이밍입니다. 그 자리에서 바로 산 것을 상대방에게 전하는 것만으로도 상대는 기뻐할 뿐만 아니라 '이 사람은 행동이 빠르다'라는 평가를 하게 됩니다.

또한 공명 리딩은 금세 책을 읽을 수 있어 자신에게 어떤 점이 도움이 되고 있었는지 알 수 있으므로 아주 조금의 시간적 여유가 있다면 그 소개자에게 바로 감사의 메시지를 보내는 것도 가능합니다.

그렇다고는 해도 모르고 우물쭈물하다가 사지 못한 책도 많습니다. 나중에 '그 책, 뭐였지?' 하며 생각이 안 나서 그 책의 제철이 지나가버리게 됩니다.

독서가인 저에게 최신 비즈니스서는 출간된 후 3일 이내에 읽는 것이 정석입니다. 왜냐하면 정보의 가치는 얼마나 빨리 얻느냐에 달려 있기 때문입니다. 또한 알게 된 단계에서 움직여보면 생각지도 못한 결과를 얻게 될 수도 있습니다.

후쿠시마에서 중소기업 컨설팅과 고문을 하고 있는 아베 노리오 씨로부터 추천받은 책도 그랬습니다.

어떤 모임에서 중국 고전 이야기를 하다가 분위기가 고조되어 갑자기 아베 씨로부터 "아사카 곤사이(安積艮斎) 작가를 혹시 알고 있나요?"라는 질문을 받았습니다. 지금은 '아사카 곤사이는 요시다 쇼인(吉田松陰)이나 이와사키 야타로(岩崎彌太

郎)의 스승이자 사토 잇사이(佐藤一齋)의 제자로, 일본 후쿠시마 코리야마를 고향으로 둔 에도시대 말기의 전설적인 유학자'라고 대답할 수 있습니다.

하지만 당시에는 아무것도 몰랐습니다. 아베 씨에게 이야기를 듣자마자 바로 아마존닷컴에서 책을 주문한 것을 계기로 오랜 세월 내내 알 수 없었던 단서를 손에 넣을 수 있었습니다. 그때부터 '왜 공명 리딩을 할 수 있는가?' 하는 물음이 계속 저를 쫓아다녔습니다. 또한, '우리는 언제부터 묵독을 할 수 있었을까?' 하는 의문을 가지고 있었습니다.

그래서 독서의 역사를 더듬어보니 아우구스티누스(Aurelius Augustinus, 354~430년)의 고백에서 묵독하는 모습이 그려져 있었습니다. 아우구스티누스의 스승이기도 한 성인 암브로시우스(Ambrosius)가 눈으로 페이지를 쫓고 마음으로 의미를 찾고 있었지만, 목소리와 혀는 쉬고 있었다는 기술입니다. 이 묵독의 모습이 서양 문헌상 가장 오래된 것으로 알려져 있습니다.

그렇다면 동양에서는 어떨까요? 중국 북송대의 정치가, 시인, 서가로 알려진 소식(蘇軾)이 남긴 시가 있습니다. 1083년 2

월 지은 시 가운데 '不如默誦千萬首(천만 수를 묵창하는 것과 같다)'라는 시구가 있습니다. 이 시는 유배를 당했던 당시 48세의 소식이 황저우(후베이성)라는 땅에서 좌절한 경험이라는 자신의 불행을 낙관적으로, 보다 긍정적으로 극복하고자 노력한 내용의 시입니다.

소식에 대해서는 당시 전혀 알지 못했습니다. 그런데 우연히 그때 산《아사카 곤사이》라는 책 속에 소식에 대해 적혀 있었습니다.

거기에는 "소식의 세 치 붓으로 쓴 시는 훌륭해서 인품을 상상하게 하고, 몇 세대가 지나서도 구전된다. 적벽대전의 주유(周瑜)의 지략의 공적보다 소식의 글이 더 뛰어나다. 이것이야말로 문장의 힘이다"라고 쓰여 있었습니다.

이렇게 이어지다 보면 이번에는 아사카 곤사이에 대해서도 관심이 많아져 아사카 곤사이와 관련된 땅을 찾아가게 됩니다. 고향인 고리야마에 가서 안적국조신사에 가거나 도쿄의 유시마 성당에 가기도 합니다. 거기서도 또 새로운 발견이 있고, 점점 지식으로 연결되어 갑니다.

이렇게 연결되는 것이 독서의 묘미입니다. 언뜻 보면 전혀 연

1권에 20분, 읽지 않고 이해할 수 있는 대단한 독서법

결될 수 없는 일들이 여러 책이나 사람과의 만남으로 이어지게 됩니다. 얻은 정보가 바로 행동으로 이어짐으로써 나 자신을 바꾸는 지식이 되어갑니다. 이런 경험을 하게 되면 독서와 행동을 계속하게 되는 거죠.

이런 경험 때문인지 저도 주변 사람들에게 "최근 읽고 난 후 재미있다고 느낀 책은 어떤 것입니까?"라는 질문을 받는 경우가 많아졌습니다. 그럴 때 저는 상대방에게 "당신은 지금 어떤 과제를 가지고 있습니까?"라고 되묻습니다.

상대가 그 과제에 대해 이야기하면 저는 얼른 "이 책을 읽으면 좋아요"라고 책의 제목과 저자의 이름과 대략적인 개요를 전달합니다.

결과를 내는 사람은 역시 행동이 빠릅니다. 바로 그 자리에서 산 후에, 그다음 주에는 저에게 즉시 행동해서 어떤 결과로 이어졌는지 바로 보고하며 감사의 메시지를 보내옵니다.

당신도 누군가를 만나면 바로 그 사람에게 읽고 나서 좋았던 책을 물어봅시다.

# 독서를 한 후에는
# 긍정적인 착각을 하게 된다

    물리학 연구자이자 스티븐 호킹(Stephen William Hawking)의 《짧고 쉽게 쓴 시간의 역사》의 공저자로 알려진 레오나르도 믈로디노프(Leonard Mlodinow)는 물리학 연구자의 입장에서 뇌과학이나 인지심리학을 분석한 《새로운 무의식》이라는 책에서 이렇게 결론을 내리고 있습니다.

    "자기 자신에 대해 긍정적인 착각을 하는 것은 개인과 사회의 두 가지 면에서 모두 이점이 된다는 것을 실증한 연구가 다수 있다. 인생에서 일어나는 사건은 물리적 현상과 달리 여러 이론 중 어느 하나만을 따르는 경우가 많고, 실제로 무슨 일이 일어나는지는 어떤 이론을 믿느냐에 따라 크게 좌우되기 마련이다."

독서를 한 후의 행동에서 중요한 것은 긍정적인 착각을 하는 데 있습니다. 많은 성공자를 만나보고 느낀 것은 그들은 대부분 자신을 신뢰한다는 것이었습니다. 무엇보다 자신의 성공을 주관적으로 보나 객관적으로 보나 잘될 거라고 굳게 믿는 사람이 대부분이었습니다.

예를 들어, 학교를 졸업하고 10년이나 지나 보니 그 당시에는 착각을 하고 있는 줄 알았던 친구가 의외로 잘 나가고 있었던 경험은 혹시 없나요?

대부분의 사람들이 자기 자신을 신뢰하는 것을 어려워합니다. 하지만 '나는 잘될 것이다'라는 긍정적인 착각을 가지고 행동하는 것이 무엇보다 중요합니다.

물론 지나친 착각을 하는 것은 위험합니다. 기업가 일론 머스크(Elon Musk)가 "새로운 것을 시작할 때는 물리학 원칙으로 돌아가는 것이 중요하다. 물리는 때로 경험칙이나 감과는 정반대의 답을 도출해주기 때문이다"라고 이야기한 것처럼, 때로는 객관적인 원칙으로 돌아가는 것도 필요합니다.

하지만 이 책을 읽고 있는 많은 분이 아직 엄청난 성공을 거두지는 못했을 것입니다. 자신을 다스리는 것은 엄청난 성공을 거둔 후에야 가능합니다.

우선 긍정적인 착각을 하면서 처음에는 근거가 없어도 되기 때문에 '나는 잘된다'라고 생각하며 행동해나가는 것이 중요합니다.

# 책을 다 읽은 후에 시작되는 당신의 진짜 인생

## ▶ 꿈이 실현되는 삶을 위해

책을 읽을 수 있게 되는 것은 인생의 목적이 아닙니다. 책을 읽고 꿈을 찾아 행동하며 이루는 것이 진정한 삶의 목적입니다. 여기까지 읽고 공명 리딩을 실천한 당신이라면, 책을 20분 만에 잘 읽을 수 있게 될 것이라고 보증합니다.

책을 읽을 수 있게 되고 싶어서 이 책을 손에 쥐는 순간, 당신은 진정한 인생에 한 발짝 더 내디딘 것입니다. 지금의 당신을 바꾸고 싶고, 지금의 생활을 좀 더 나아지게 하고 싶고, 더욱 행복한 인생을 보내고 싶다는 생각을 가지고 이 책을 든 순간에 당신은 과거를 치유하고 미래로 이어졌습니다.

그리고 독서를 통해 당신이 진심으로 하고 싶어 하는 것을 만나면, 시간과 열정을 쏟으세요. 우선 일주일, 168시간 중 많은 시간을 그 활동에 소비해보세요. 그러면 당신의 진정한 공명한 인생이 시작됩니다.

공명한 인생은 당신이 설정한 인생의 목적에 맞추어 '우연의 일치(Synchronicity)'가 계속 이어지는 것을 말합니다.

하고 싶은 일이 점점 빨리 실현되어갑니다. 너무 많은 실현의 가속화에 마치 미래가 응원하고 있는 것처럼 느껴질 것입니다.

### ▶ 미래의 당신이 보내오는 응원의 시그널

매사추세츠공대의 브래드포드 스코우 박사(Dr. Bradford Skow)는 '시간은 강처럼 흘러오는 것이 아니라 과거도 미래도 현재 안에 존재한다'라는 '블록 우주론'을 제창했습니다. 이 이론이 맞다면, 영화 〈인터스텔라〉에서 그려내는 것처럼 현재라는 공간 속 '지금 이 순간'에 미래도 과거도 존재하는지 모릅니다.

'지금', 당신이 책을 읽고 행동하는 것은 지금의 당신을 위해서일 뿐만 아니라 동시에 당신의 '미래'와 '과거'를 위해서가 됩니다. 당신의 미래도 과거도 '지금' 하기 나름입니다. 더욱이 영화 〈인터스텔라〉처럼 당신의 미래는 미래에서 본 과거인 '지금'을 도우려는 것일지도 모릅니다.

그런 감각들은 처음 읽는 책임에도 이미 읽은 것같이 느껴져 마치 기억을 떠올리는 것 같은 느낌과 비슷합니다. 이미 여기까지 읽고 체감하셨을 것 같습니다. 바로 이 감각이야말로, 미

1권에 20분, 읽지 않고 이해할 수 있는 대단한 독서법

래로부터의 응원의 시그널입니다. 이 감각을 소중히 여겨주세요. 그 책에서 계속하고 싶었지만 하지 못한 것을 찾아봅시다. 공명 리딩은 그야말로 시공간을 뛰어넘는 독서법입니다.

공명이란 마음의 걸림돌이 된 과거를 치유하고 당신이 원하는 더 나은 미래를 현재로 연결하는 것으로, 책이라는 에너지를 통해 새로운 지금을 만드는 방법입니다. 자, 당신이 진심으로 하고 싶어 하는 것을 독서를 통해 만난 후, 행동으로 이어갑시다. 당신의 진정한 인생은 이 책을 읽음으로써 이미 시작되었습니다.

### ▶ 긍정적인 마음만 있으면, 인생은 언제든지 다시 시작할 수 있다

책을 다 썼을 때, 아버지가 책을 주셨던 그리운 광경이 떠올랐습니다. 프롤로그에서 계속 책을 잘 못 읽었다고 이야기했는데, 잘 못 읽는 때에도 계속 책을 잘 읽을 수 있었으면 좋겠다고 생각했습니다.

그런 마음을 가진 가장 큰 이유는 아버지께서 주신 '빨간 책'과 '하얀 책'을 읽고 싶었기 때문입니다. 제목은《작은 일에 끙끙대지 마라!》와《삶의 방식》이었습니다.

10년 전, 책을 읽을 수 있게 되었을 때, 이 두 권의 책을 새롭게 다시 읽었던 것이 생각납니다. 그제야 아버지가 이 두 권의 책에 담은 마음을 알게 된 것 같습니다.

'긍정적인 생각만 있으면, 언제든지 인생은 다시 시작할 수 있다.' 독서에는 인생을 바꾸는 힘이 있습니다. 그리고 책은 생각의 크기에 맞게 사람과 사람을 연결합니다.

이 책도 그런 사람과의 인연으로 출판할 수 있었습니다. 이 좋은 인연을 이어주신 분은 하쿠호도(博報堂)의 오누마 도시유키 씨. 오누마 씨는 이 공명 리딩을 체감한 후, "이건 세상에 알려져야 해요"라며 출판사를 소개해주었습니다. 소개해주신 출판사는 아버지가 주신 그 빨간 책과 하얀 책을 낸 곳인 선마크 출판이었습니다. 출판사의 소개를 받자마자 저는 홈페이지를 확인하다가 깜짝 놀랐습니다. 왜냐하면 '손바닥에, 1권의 에너지'라고 쓰여 있었기 때문입니다.

선마크 출판의 우에키 노부타카(植木宣隆) 사장은 대표 인사말 페이지에서 이렇게 이야기합니다.

"저자를 비롯해 책과 관련된 모든 사람의 열정과 힘이 1권의 책에 담겨 독자에게 전달됩니다."
"에너지가 높은 책과 마주친 독자는 이제 자신의 안에서만 그 힘을 억누를 수 없습니다. 다른 사람에게 내용을 말하거나 책을 선물하고 싶어질 것입니다."

'손바닥에, 1권의 에너지', 이것은 공명 리딩의 진수라고도 할 수 있는 문구입니다. 그 문구가 쓰여 있던 것에, 이상한 인연을 마음대로 느껴 버려서, 아직 출판이 정해지지도 않았는데, 선마크 출판에서 책을 낼 수 있을 것 같다는 생각이 들었습니다. 그렇게 편집자를 소개받은 날부터 1년이 지나, 이 책이 탄생되었습니다.

이 책을 쓸 수 있었던 것은 저를 지탱해준 많은 동료와 선배, 가족, 멘토들 그리고 출판사 덕분입니다. 이 자리를 빌려 감사의 뜻을 표하고 싶습니다.

먼저 이 책을 출판할 수 있도록 출판사와 연결시켜주신 오누마 토시유키 씨. 정말 고맙습니다. 그리고 미숙한 저와 함께 걸으며 공명 리딩을 배우고 있는 여러분. 멋진 경험뿐만 아니라 많은 배움을 저와 함께 공유해주셔서 감사합니다. 이 책은 당신들 없이는 존재할 수 없습니다.

구체적인 사례를 주신 분들께도 감사드립니다. 하루 한 줄도 쓸 수 없는 날이 계속되었을 때, 여러분의 사례가 저를 구해주었습니다.

'비즈니스란 무엇인가'와, '꿈을 이룰 수 있는 구체적 방법'을 가르쳐준 GMO 인터넷 그룹 쿠마가이 마사토시 대표님. 책 읽는 즐거움과 인생을 풍요롭게 하는 방법을 가르쳐준 간다 마사노리 씨. 간다 씨의 가르침 없었다면 지금의 저는 없습니다. 진심으로 감사드립니다.

강좌를 하는 즐거움을 가르쳐준 이시가모리 히사에 씨 감사합니다. 포토 리딩 개발자 폴 쉴리(Paul R. Scheele) 박사, 마인드맵 개발자 토니 부잔(Tony Buzan) 선생님과 같은 세계의 교육 리더들과 만나 이 책이 탄생될 수 있었습니다. 집필하면서 코야마 류스케 씨, 예스 피그누어 씨, 기스 반 울펜 씨로부터 많은 조언을 받은 것에 감사하고 있습니다. 선마크 출판의 우에키 노부타카 사장님, 다카하시 토모히로 편집장님, 구로카와 세이이치 편집장님과 영업부 여러분들, 유통센터 여러분들에게 진심으로 감사하고 있습니다.

이 책은 수많은 베스트셀러를 만들어낸 가네코 나오미 부편집장이 맡아주셨습니다. 가네코 씨는 책을 쓰는 것이 처음인 저에게 관대한 마음으로 적확한 조언을 해주셨고, 또한 인내심을 가지고 편집해주셨습니다. 덕분에 이 책이 탄생할 수 있었습니다.

마지막으로 이 새로운 독서법을 읽어주신 독자 여러분. 끝까지 읽어주셔서 진심으로 감사드립니다. 이 책을 다 읽었을 때, 조금이라도 당신의 인생이 나아지길 바라며 썼습니다. 이 책이 당신을 독서 트라우마로부터 해방시키고 당신의 영감과 진정한 인생 여행에 필요한 도구가 되었으면 좋겠습니다.

이 책이 많은 사람들의 손에 쥐어져 전 세계에 있는 '독서를 잘하지 못하는 사람'이 사라졌으면 좋겠습니다. 그리고 책을 좋아하는 사람들이 점점 늘어나고 꿈을 이루어냄으로써 조화롭고 더 나은 세상이 오리라 믿습니다.

책이 가져다주는 에너지로 더욱 많은 사람에게 좋은 일이 끊임없이 샘솟고 이상적인 삶이 찾아오기를.

**와타나베 야스히로**

# 1권에 20분, 읽지 않고
# 이해할 수 있는 대단한 독서법

제1판 1쇄  2023년 12월 11일

지은이  와타나베 야스히로
옮긴이  최윤경
펴낸이  한성주
펴낸곳  ㈜두드림미디어
책임편집  이향선
디자인  디자인 뜰채 apexmino@hanmail.net

㈜두드림미디어
등  록  2015년 3월 25일(제2022-000009호)
주  소  서울시 강서구 공항대로 219, 620호, 621호
선  화  02)333-3577
팩  스  02)6455-3477
이메일  dodreamedia@naver.com(원고 투고 및 출판 관련 문의)
카  페  https://cafe.naver.com/dodreamedia

ISBN  979-11-93210-26-0 (03190)